서울특별시 보라매병원

실력평가 모의고사 5회분

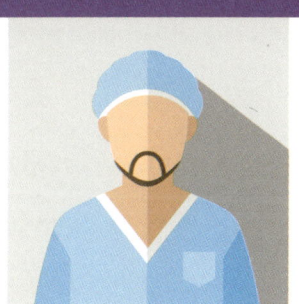

서울특별시 보라매병원
실력평가 모의고사 5회분

초판 발행	2024년 5월 31일
개정판 발행	2025년 10월 29일

편 저 자	간호시험연구소
발 행 처	㈜서원각
등록번호	1999-1A-107호
주　　소	경기도 고양시 일산서구 덕산로 88-45(가좌동)
교재주문	031-923-2051
팩　　스	031-923-3815
교재문의	카카오톡 플러스 친구[서원각]
홈페이지	goseowon.com

▷ 이 책은 저작권법에 따라 보호받는 저작물로 무단 전재, 복제, 전송 행위를 금지합니다.
▷ 내용의 전부 또는 일부를 사용하려면 저작권자와 (주)서원각의 서면 동의를 반드시 받아야 합니다.
▷ ISBN과 가격은 표지 뒷면에 있습니다.
▷ 파본은 구입하신 곳에서 교환해드립니다.

이 책 의 머 리 말

들어가며,

서울대학교병원에서 운영하는 서울특별시 보라매병원은 1955년 6월 18일 서울시에서 서울시민의 보건의료 및 의료구호활동을 목적으로 서울특별시립 영등포병원이라는 명칭으로 설립되었다. 그 후 1987년도에 보다 더 양질의 의료를 제공하고자 서울시는 서울대학교병원과 위·수탁 계약을 맺어 서울대학교병원에서 시립영등포병원을 수탁 운영하고 있다. 현재의 보라매병원은 1991년도에 보라매공원 내 현위치로 신축 이전하면서 출발하게 되었으며, 명칭도 서울대학교병원 운영 서울특별시 보라매병원으로 변경되었다.

서울특별시 보라매병원의 직원채용 절차는 서류전형으로 1차 평가를 진행한 후에 2차로 필기시험을 시행한다. 시험과목은 간호학으로 객관식 50문항이 출제된다. 간호학은 전 과목 출제이므로 폭넓은 학습이 필요하다. 난도가 높은편이고 과목이 많기 때문에 핵심요점을 중점적으로 학습하는 것이 필요하다. 본서에서는 시험 출제기준에 맞춰서 모의고사 5회분을 수록하여 시험 전에 대비할 수 있도록 하였다.

합격을 향해 고군분투하는 학습자분들에게 힘이 되는 교재가 되기를 바라며 서원각이 진심으로 응원합니다.

Structure

자주 물어보는 면접 예상질문 작성지를 확인하세요!

실력평가 모의고사를 풀면서 시험에 대비하세요!

답안지에 표기하면서 실전감각을 키우세요!

꼼꼼한 해설과 함께 학습하세요!

면접 예상 질문

면접에서 빈번하게 물어보는 질문을 수록하였다. 질문지에 직접 답변을 하면서 면접에 대비할 수 있다.

5회분 실력평가 모의고사

서울특별시 보라매병원의 필기시험 시험과목과 출제기준에 따라서 구성한 모의고사를 수록하였다.

정답 및 해설

문제별 상세하고 꼼꼼한 해설로 이해도를 높이고자 하였다. 문제별 중요 이론도 함께 수록하여 학습에 도움이 되도록 하였다.

CHAPTER 01
실력평가 모의고사

제01회 실력평가 모의고사 ·········· 010
제02회 실력평가 모의고사 ·········· 026
제03회 실력평가 모의고사 ·········· 042
제04회 실력평가 모의고사 ·········· 058
제05회 실력평가 모의고사 ·········· 074

CHAPTER 02
정답 및 해설

제01회 정답 및 해설 ·········· 092
제02회 정답 및 해설 ·········· 104
제03회 정답 및 해설 ·········· 118
제04회 정답 및 해설 ·········· 132
제05회 정답 및 해설 ·········· 146

면 접 예 상 질 문

Q. 1분 이내로 자기소개를 해보시오.

Q. 지원동기는 무엇이고 간호사가 되려는 이유는 무엇인지 말해보시오.

Q. 타인과 협업을 통해서 문제를 해결한 경험에 대해서 말해보시오.

Q. 가장 힘들었던 순간은 언제인지 말해보시오.

Q. 실습기간 중에 가장 기억에 남는 케이스에 대해서 말해보시오.

면 접 예 상 질 문

Q. 기피부서나 원하는 부서에 배치받지 못할 수 있다. 이때 어떻게 대처할 것인지 말해보시오.

Q. 간호사의 높은 이직률 해결을 위한 방안에 대해서 말해보시오.

Q. 협심증과 심근경색의 차이점에 대해서 설명해보시오.

Q. 수술 후 쇼크 환자 간호방법에 대해 말해보시오.

Q. 당뇨환자 식이에 대하여 말해보시오.

제1회 실력평가 모의고사
제2회 실력평가 모의고사
제3회 실력평가 모의고사
제4회 실력평가 모의고사
제5회 실력평가 모의고사

PART
01

실력평가 모의고사

제 01 회 실력평가 모의고사

1 위 부분절제술 후 급속 이동증후군이 나타나는 것을 예방하기 위한 간호중재로 옳은 것은?

① 고지방 · 고단백 · 저탄수화물 식이를 한다.
② 반좌위 자세로 식사하고 식후에는 앉아서 휴식한다.
③ 식전 1시간에서 식후 2시간 동안에는 수분 섭취를 제한한다.
④ 음식물의 양을 줄이고 국물이 많은 음식을 먹는다.
⑤ 수술 후에는 일반식을 바로 시작한다.

2 폐활량(VC)에 대한 설명으로 옳은 것은?

① 1초 동안 내쉰 공기량
② 자연스럽게 들이쉬고 내쉰 평상시의 공기량
③ 최대로 숨을 내쉰 후 폐에 남아 있는 공기량
④ 최대로 들이쉬고 힘껏 내쉰 공기량
⑤ 숨을 내쉬고 힘껏 들이쉰 공기량

3 급성 신부전의 기관별 증상으로 옳지 않은 것은?

① 호흡기계 : 쿠스마울 호흡
② 심장계 : 심장부정맥
③ 혈액계 : BUN과 혈청크레아티닌의 감소
④ 요로계 : 무뇨와 핍뇨
⑤ 전신계 : 전신부종

4 다음 〈보기〉의 빈칸에 들어갈 호르몬으로 옳은 것은?

―――――――――― 보기 ――――――――――
호르몬 중 (   )은 뼈, 신장, 위장관에 작용하여 혈중 정상 칼슘 농도를 유지시킨다.

① 부갑상샘호르몬(PTH)
② 알도스테론
③ 칼시토닌
④ 항이뇨호르몬(ADH, vasopressin)
⑤ 부신피질자극호르몬(ACTH)

5 기전에 따른 과민반응의 종류와 설명으로 옳지 않은 것은?

① 제1형 과민반응은 아나필락시스형으로 전신 아나필락시스와 국소 아나필락시스로 구분된다.
② 제1형 과민반응의 중심 역할을 하는 것은 비만세포와 호염구이다.
③ 제2형 과민반응은 항원에 항체가 직접 반응하면서 나타나는 면역반응이다.
④ 부적합한 혈액을 수혈 받은 경우 나타나는 과민반응은 제3형 과민반응이다.
⑤ 투베르쿨린 반응은 제4형 과민반응에 의한 것이다.

6 체액의 삼투농도가 증가할 경우 우리 몸에서 회복하려는 과정으로 옳은 것은?

① 세포외액 삼투농도 증가 – 갈증 유발 – 수분 섭취 – 체내 물의 양 증가 – 체액의 삼투농도 정상으로 회복
② 세포외액 삼투농도 증가 – 갈증 유발 – 체내 물의 양 증가 – 수분 섭취 – 체액의 삼투농도 정상으로 회복
③ 세포외액 삼투농도 증가 – 시상하부의 삼투농도 감수기 자극 – 집합관에서 물의 재흡수 증가 – 항이뇨호르몬 분비 – 체내 물의 양 증가 – 체액의 삼투농도 정상으로 회복
④ 세포외액 삼투농도 증가 – 집합관에서 물의 재흡수 증가 – 시상하부의 삼투농도 감수기 자극 – 항이뇨호르몬 분비 – 체내 물의 양 증가 – 체액의 삼투농도 정상으로 회복
⑤ 세포외액 삼투농도 증가 – 시상하부의 삼투농도 감수기 자극 – 체내 물의 양 증가 – 항이뇨호르몬 분비 – 집합관에서 물의 재흡수 증가 – 체액의 삼투농도 정상으로 회복

7 인구통계에 영향을 주는 4개 요인은?

① 출생, 사망, 이동, 결혼
② 출생, 사망, 유입, 유출
③ 이동, 밀도, 유입, 유출
④ 이동, 밀도, 연령, 성별
⑤ 출생, 사망, 연령, 성별

8 아동의 쇼크 징후를 바르게 연결한 것은?

① 저혈량 쇼크 – 피부 탄력 저하
② 저혈량 쇼크 – 청색증
③ 패혈성 쇼크 – 건조한 점막
④ 심인성 쇼크 – 자반성 피부
⑤ 심인성 쇼크 – 천문 함몰

9 간호전달체계의 유형 중 간호사가 일정한 업무만을 담당하여 그 업무만 효율적으로 수행하기 위한 간호방법은?

① 전인 간호
② 팀 간호 방법
③ 기능적 간호 방법
④ 일차 간호 방법
⑤ 모듈 방법

10 유방암의 위험요인으로 옳지 않은 것은?

① 55세 이전의 조기 완경
② 12세 이전의 조기 초경
③ 자궁내막암
④ 난소암
⑤ 양성 유방질환

11 정중선 회음절개법에 대한 설명으로 옳은 것은?

① 치유가 잘되지 않는다.
② 항문괄약근 및 직장 손상의 가능성이 증가한다.
③ 성교통이 간혹 따른다.
④ 출혈량이 많다.
⑤ 약 10% 정도에서 절개 부위에 해부학적 접합이 불량하다.

12 자궁경부암의 원인으로 옳지 않은 것은?

① 첫 성교의 나이가 16세 이전인 경우
② 에스트로겐 농도가 저하된 경우
③ HIV에 노출된 경우
④ 흡연을 하는 경우
⑤ 골반 내 거대종양이 있는 경우

13 수혈 시 혈액형 부적합에 의한 용혈성 수혈반응이 발생한 경우 해당 하는 환자안전사고는?

① 근접오류
② 위해사건
③ 적신호사건
④ 의료과오
⑤ 의료오류

14 각성, 기억, 학습, REM 수면 조절과 관련되며 증가하면 우울증이 나타나고 감소하면 알츠하이머 질환을 유발하는 뇌의 신경전달물질은?

① 도파민
② 세로토닌
③ 노어에피네프린
④ 아세틸콜린
⑤ 엔돌핀

15 다음 〈보기〉에서 리더에 대한 설명으로 옳은 것을 모두 고른 것은?

보기

㉠ 자발적으로 따르는 팔로워뿐만 아니라 비자발적 팔로워도 지휘한다.
㉡ 대인관계를 강조한다.
㉢ 특별한 기능과 의무, 책임이 주어진다.
㉣ 집단의 과정, 정보 수집, 피드백, 임파워먼트 등에 초점을 둔다.

① ㉠
② ㉠㉡
③ ㉡㉣
④ ㉠㉢
⑤ ㉡㉢㉣

16 자신의 죽음을 나쁜 행동의 대가라고 생각하며 봉사활동을 통해 죽음을 연기시키려는 단계는 죽음에 대한 심리적 적응 단계 중에서 어느 단계에 해당하는가?

① 부정
② 분노
③ 협상
④ 우울
⑤ 수용

17 석고붕대나 견인으로 부동 상태 대상자에게 다리의 근력을 유지시켜 주기 위해 권장 하는 운동은?

① 등속성 운동
② 등장성 운동
③ 등척성 운동
④ 수동 운동
⑤ 능동 운동

18 수면을 증진시키는 호르몬으로 옳은 것은?

① 노르에피네프린
② 아세틸콜린
③ 멜라토닌
④ 도파민
⑤ 코티졸

19 당뇨환자의 발 관리에 대한 내용으로 옳지 않은 것은?

① 발톱은 약간 둥글게 깎거나 일직선으로 깎되 너무 짧지 않게 자른다.
② 발이 습하면 세균 감염의 위험성이 있으므로 발을 자주 씻지 않는다.
③ 상처가 생겼을 때 병원에 즉시 방문한다.
④ 꽉 조이는 신발과 양말을 신지 않는다.
⑤ 사우나, 찜질방을 이용하면 화상의 위험이 있으므로 이용을 자제한다.

20 유방암 수술 후 간호 관리에 대한 설명으로 옳지 않은 것은?

① 수술한 쪽 팔에 베개를 대어 팔을 약간 올려준다.
② 수술한 쪽 팔로 무거운 물건을 들지 않는다.
③ 수술 후 림프부종을 예방하기 위해서 팔 운동을 제한한다.
④ 수술한 쪽 팔에 정맥주사를 놓거나 혈압을 측정하지 않는다.
⑤ 수술 후 손이나 팔에 발적 및 부종이 있다면 감염 가능성을 검사한다.

21 동맥혈액가스분석 수치 중 옳지 않은 것은?

① pH 정상수치 : 7.35 ~ 7.45
② 호흡성 산증 : $PaCO_2$ 45mmHg 이상
③ 대사성 산증 : HCO_3^- 22mEq/L 이하
④ 대사성 알칼리증 : HCO_3^- 26mEq/L 이상
⑤ 호흡성 산증 : $PaCO_2$ 35mmHg 이하

22 와파린 투여 중인 환자의 간호 중재로 옳은 것은?

① 섬유소 섭취를 제한한다.
② 월경량이 증가할 수 있음을 교육한다.
③ PT/INR 수치를 모니터한다.
④ 비타민 K를 투여한다.
⑤ 아스피린과 함께 복용하도록 한다.

23 기관 절개관의 적응증으로 옳은 것은?

① 하부기도 폐쇄
② 단기적으로 기계호흡 필요시
③ 기관 내 삽관의 기간이 길지 않은 경우
④ 전신 마취 시
⑤ 무의식 환자의 흡인 위험성이 있는 경우

24 태반의 기능으로 옳지 않은 것은?

① 태반은 반투과성 장벽으로 해로운 물질의 통과를 막는다.
② 태반에서 분비되는 프로게스테론은 자궁내막 유지와 자궁근육 수축력을 감소시켜 조산을 예방한다.
③ 태반은 농도 차이에 기초하여 고농도에서 저농도로 물질이 이동한다.
④ IgA는 임신 3기에 태반을 통과하는 면역글로불린으로 태아가 수동면역을 갖게 한다.
⑤ 태반에서 분비되는 융모생식샘자극호르몬은 조기에 출현하여 임신 유무 검사에 사용된다.

25 항응고제에 관한 설명으로 옳지 않은 것은?

① 헤파린은 항트롬빈3을 활성화해 트롬빈의 기능을 억제하여 혈액 응고를 방지한다.
② 헤파린은 동물 조직에서 추출한 것이다.
③ 비타민 K 길항제는 실험용이나 치료용으로 많이 사용된다.
④ 비타민 K 길항제의 종류에는 와파린, 디쿠마롤이 있다.
⑤ 와파린의 효과는 며칠간 지속된다.

26 욕창 예방 법 및 간호중재로 옳은 것은?

① 피부 손상을 예방하기 위해 가급적 체위를 변경하지 않는다.
② 압력 감소를 위해 링 모양의 쿠션을 사용한다.
③ 삼출물이 발생했을 경우 항생제를 사용한다.
④ 2단계 욕창 시 뼈 돌출 부위를 집중 마사지한다.
⑤ 로션을 자주 바르며 피부를 촉촉하게 유지시킨다.

27 피부의 기능으로 옳지 않은 것은?

① 보호 기능
② 체온조절 기능
③ 감각지각 기능
④ 비타민 C 합성
⑤ 흡수와 배설 기능

28 수혈에 관한 설명으로 옳은 것은?

① 혈액과 환자의 일치 여부는 담당 간호사 혼자 정확히 해야 한다.
② 수혈 첫 1시간 동안은 15분마다 활력징후를 측정한다.
③ 적혈구 수혈 시엔 24G 혈관 카테터로 정맥천자를 시행한다.
④ 냉장 상태에서 실온에 반출된 지 1시간이 경과한 혈액은 환자에게 투여할 수 있다.
⑤ 0.9% 생리식염수 및 dextrose 용액은 혈액과 함께 주입할 수 있다.

29 온요법과 냉요법의 생리적 효과 설명으로 옳지 않은 것은?

① 온요법은 통증을 감소시킨다.
② 온요법은 혈액점도를 감소시킨다.
③ 온요법은 염증반응을 감소시킨다.
④ 냉요법은 모세혈관을 수축시킨다.
⑤ 냉요법은 호흡수를 감소시킨다.

30 특별한 이유 없이 뇌 속 특정 혈관이 막히는 만성 진행성 뇌혈관 질환으로, 특히 4세 소아에게서 호발하는 질환은?

① 일과성 허혈성 발작
② 뇌혈관 연축
③ 뇌동맥류
④ 동정맥 기형
⑤ 모야모야병

31 정상인 폐에서 들리는 타진음으로 옳은 것은?

① 편평음
② 둔탁음
③ 공명음
④ 과도공명음
⑤ 고음

32 신생아 신경계 반사 중 발뒤꿈치에서부터 발바닥 외측을 따라 엄지발가락 쪽으로 긁으면 발가락이 과다 신전되고 엄지발가락은 배굴되는 반사는?

① 바빈스키 반사
② 모로반사
③ 긴장성 경반사
④ 페레즈 반사
⑤ 파악반사

33 팔로4 징후의 청색증형 선천성 심장병 중 가장 흔한 해부학적 특징으로 옳지 않은 것은?

① 폐동맥 협착
② 심방중격 결손
③ 대동맥우위
④ 심실중격 결손
⑤ 우심실 비대

34 억제대의 종류와 적응증으로 옳은 것은?

① 자켓 억제대는 운반차에 이송 시 안전을 위해 적용한다.
② 사지 억제대는 피부에 질환이 있는 경우 긁는 행위를 방지하기 위해 적용한다.
③ 벨트 억제대는 신체에 삽입된 기구나 드레싱을 보호하기 위함이다.
④ 전신 억제대는 영아의 머리나 목을 치료할 때 몸통의 움직임을 막기 위해 적용한다.
⑤ 사지 억제대는 휠체어에 앉아 있는 동안 억제해야 하는 경우 사용한다.

35 유방 호르몬과 젖샘에 관한 설명으로 옳지 않은 것은?

① 프로락틴은 유즙 생성에 관여한다.
② 옥시토신은 유즙 사출에 관여한다.
③ 젖샘이 발육할 때 성장호르몬은 관여하지 않는다.
④ 젖샘은 대개 15 ~ 20개의 젖샘엽으로 나누어진다.
⑤ 선방세포는 유즙 생성에 관여한다.

36 완경기 여성에 대한 설명으로 옳은 것은?

① 60세 이전에 월경이 끝나면 조기 완경이라 한다.
② 안면 홍조 증상은 마지막에 나타난다.
③ 난포자극 호르몬(FSH)이 감소한다.
④ 에스트로겐이 결핍되어 골다공증을 발생시킬 수 있다.
⑤ 질 내 pH는 감소한다.

37 다음 〈보기〉에서 APGAR 점수를 나타내기 위해 사정해야 할 사항을 모두 고른 것은?

―― 보기 ――
㉠ 심박동   ㉡ 체온 측정
㉢ 호흡 능력   ㉣ 반사 능력
㉤ 두위 측정   ㉥ 근육 긴장도
㉦ 피부색

① ㉠㉡㉢㉣㉤
② ㉠㉡㉣㉤㉥
③ ㉠㉢㉣㉥㉦
④ ㉡㉢㉣㉥㉦
⑤ ㉡㉣㉤㉥㉦

38 호흡기 유해물질 종류 중 진폐증을 유발하는 것은?

① 이황화탄소
② 크롬
③ 알루미늄
④ 망간
⑤ 벤젠

39 혈압에 영향을 미치는 요인과 증상으로 바르게 짝지어진 것은?

① 출혈 - 혈압 상승
② 마약성 진통제 - 혈압 저하
③ 고칼륨 식이 - 혈압 상승
④ 교감신경계 흥분 - 혈압 저하
⑤ 외부 열에 노출 - 혈압 상승

40 한 사람이 둘 또는 그 이상의 인격을 가지며 한 번에 한 인격이 그 사람의 행동을 지배하는 정신질환으로, 다중인격장애로 부르는 것은?

① 해리성 정체감장애
② 이인성 장애
③ 해리성 기억상실
④ 해리성 둔주
⑤ 해리성 혼미

41 부동 환자에 대한 간호 중재로 옳지 않은 것은?

① 신체 선열을 올바르게 유지하도록 한다.
② 분비물 배출을 위해 하루 2L 이상의 충분한 수분을 섭취한다.
③ 환자 발아래에 발판을 대어준다.
④ 관절 변형을 막기 위해 ROM 운동을 실시한다.
⑤ 심호흡을 격려하며 흡인의 위험이 있어 기침은 하지 않도록 한다.

42 Blacker의 인구 성장 5단계 중 선진국에 해당하며 사망률과 출생률이 최저로 인구 증가가 없는 단계는?

① 제1단계(고위 정지기)
② 제2단계(초기 확장기)
③ 제3단계(후기 확장기)
④ 제4단계(저위 정지기)
⑤ 제5단계(감퇴기)

43 국민건강보험에 관한 설명으로 옳지 않은 것은?

① 국민의 최저 생활을 보장하고 자립을 지원하는 제도이다.
② 우연한 사고로 인한 경제적 부담을 경감시켜 주는 제도이다.
③ 부담능력에 따라 보험료는 차등 부담된다.
④ 의료 급여 대상자를 제외한 국민(직장가입자, 지역가입자)이 적용 대상이다.
⑤ 법률에 따라 강제 가입되고 강제납부된다.

44 성취동기이론에서 성취욕구에 해당하지 않는 것은?

① 장애를 이겨내고 높은 수준을 유지하려는 욕구
② 어려운 일을 해결하려는 욕구
③ 사회적으로 높은 직위를 얻으려는 욕구
④ 자신을 한층 뛰어나게 만들려는 진취적인 욕구
⑤ 보상보다는 일 자체에 관심을 갖고 도전적인 목표를 추구하는 욕구

45 다른 사람을 의심하고 신뢰하지 않고 타인이 자신을 부당하게 이용한다는 추측을 하는 인격 장애는?

① 분열성 인격 장애
② 분열형 인격 장애
③ 편집성 인격 장애
④ 반사회적 인경 장애
⑤ 히스테리성 인격 장애

46 자신의 감정이나 욕구를 타인이나 대상 혹은 상황 탓으로 돌리는 것으로, 비난이나 책임 전가가 특징이며 편집증 환자에게 두드러지게 나타나는 신경증적 방어기제는?

① 부정
② 투사
③ 왜곡
④ 해리
⑤ 합리화

47 골관절염에 대한 설명으로 옳은 것은?

① 대칭적으로 관절에 침범된다.
② 손가락 관절에 헤베르덴 결절이나 부샤르결절이 나타난다.
③ 만성적이고 전신적인 자가면역 질환이다.
④ 휴식 시에도 통증이 발생하며 특히 밤에 심하다.
⑤ 폐, 심장, 피부 등 다른 계통으로 손상을 일으킬 수 있다.

48 개인 간 갈등 원인 중 조직적인 요인에 해당되는 것은?

① 상반된 가치관
② 의사소통의 결핍
③ 공동 책임의 업무
④ 중복된 업무
⑤ 미해결된 갈등

49 유방암 자가검진에 대한 설명으로 옳지 않은 것은?

① 완경기 이후에는 매월 일정한 날을 정해서 시행한다.
② 경구 피임약을 복용하는 경우에는 복용을 시작하는 첫 복용 날짜에 시행한다.
③ 매월 월경이 시작하기 전 일주일 이내에 시행한다.
④ 유방의 대칭성, 분비물 유무, 피부 상태, 덩어리 촉지, 림프절 촉지 등을 검진한다.
⑤ 누워서 시행하는 단계에서는 어깨와 등 아래에 베개를 받치고 시행한다.

50 물품 관리의 중요성으로 옳지 않은 것은?

① 병원 예산 중 40% 이상을 차지한다.
② 시간과 에너지를 절약할 수 있다.
③ 양적인 간호 제공에 도움이 된다.
④ 효과적인 병원 경영이 가능하다.
⑤ 일선 간호사의 관심이 중요하다.

제 02 회 실력평가 모의고사

1 간호사를 부서에 배치시킬 때 개인의 성격, 능력을 고려하여 최적의 부서에 배치함으로써 개인의 능력을 극대화해야 한다는 것은?

① 연공주의
② 적재적소주의
③ 균형주의
④ 실력주의
⑤ 인재육성주의

2 다음 〈보기〉에 사례와 관련된 환자안전의 개념은 무엇인가?

―― 보기 ――
간호사가 O형(Rh+)환자에게 이중 확인 없이 농축적혈구 혈액 수혈을 시작하였고 수혈 시작 5분 뒤 환자가 호흡곤란을 호소하여 확인한 결과 B형(Rh+) 농축적혈구 혈액이 주입되고 있음을 발견하였다. 환자는 기도삽관 후 인공호흡기 치료를 위해 중환자실로 전동하였다.

① 적신호사건   ② 근접오류
③ 주의의무태만   ④ 스위스 치즈모형
⑤ 하인리히 법칙

3 독성물질을 섭취하였을 때 간호중재로 적절하지 않은 것은?

① 의식을 확인하고 즉각적으로 기도유지 및 환기시킨다.
② 섭취한 독의 종류와 양, 증상, 섭취 후 경과시간을 확인한다.
③ 독물 제거 및 흡수 감소를 위해 음독 2시간 내 위세척을 한다.
④ 강산이나 강알칼리 물질 섭취 시 구토를 유발한다.
⑤ 숯에 흡수되는 독성물질은 활성탄을 투약한다.

제한 시간	50 분
맞힌 문항	_____ / 50문항
회독 수	1☐ 2☐ 3☐

4 갑상선암 환자에게 해야 하는 간호교육으로 옳지 않은 것은?

① "갑상선 전절제 수술을 하면 갑상선호르몬 분비가 되지 않아 호르몬 보충제를 평생 복용해야 합니다."
② "갑상선호르몬 투약을 과다하게 하면 서맥, 체중증가 증상으로 갑상선중독증이 나타날 수 있으니 정기적으로 혈액검사 받으세요."
③ "수질암 암세포는 요오드 흡수를 하지 않아서 방사성 요오드 치료보다 1차 수술을 적극적으로 하는 것이 좋습니다."
④ "방사성요오드 치료를 할 때에는 침샘에 염증이 생길 수 있어서 신 레몬을 자주 먹고 물을 3L 이상 마시세요."
⑤ "갑상선 수술 후에 나타나는 손발 끝 저림, 입 주위 얼얼함, 경련 등 증상은 보통은 2개월 이후에 회복됩니다."

5 빌리루빈 대사에 관한 설명으로 옳지 않은 것은?

① 비장에서 혈색소가 파괴되어 비결합 또는 간접 빌리루빈으로 분리된다.
② 간에서 글루쿠론산과 결합한 직접 또는 결합 빌리루빈은 담즙으로 분비된다.
③ 결합빌리루빈은 장내 세균에 의해 urobilinogen형태로 일부는 대변으로 배설된다.
④ 장으로 재흡수가 된 urobilinogen 중 일부는 담즙으로 분비되고 일부는 신장으로 배설된다.
⑤ 담도계 이상 시 산화하지 못한 urobilinogen으로 인해 대변색은 갈색을 띠게 된다.

6 수술 전 강화폐활량계 사용방법에 대해 교육한 내용으로 적절하지 않은 것은?

① 공이 올라오면 바로 숨을 내쉽니다.
② 사용 전 침상머리를 높이거나 앉습니다.
③ 숨을 최대한 내쉰 후 호스를 입에 뭅니다.
④ 최대한 깊게 숨을 들이마셔 공을 올립니다.
⑤ 1시간에 10분씩 5 ~ 10회 반복하여 사용합니다.

7 골다공증의 병태생리에 관한 설명으로 옳은 것은?

① 갱년기 여성은 혈청 에스트로겐이 증가하여 골밀도가 감소한다.
② 비만 여성이 마른 여성보다 골다공증 발생위험이 높다.
③ 칼슘과 비타민 D의 섭취가 부족하면 부갑상샘호르몬 분비가 증가한다.
④ 장기적 부동 상태는 골형성을 자극하여 골량을 증가시킨다.
⑤ corticosteroid는 골형성을 증가시키고 골흡수를 감소시킨다.

8 면역계에 대한 설명으로 옳지 않은 것은?

① 자기(self)와 비자기(non-self)를 식별하여 미생물 침입으로부터 보호한다.
② 자기(self)와 다른 바이러스세포, 종양세포, 다른 동종 세포에 대해 특이적 공격을 한다.
③ 같은 항원에 반복적으로 노출되어도 그 항원에 대한 특이항체생산과정이 서서히 발생한다.
④ 대식세포, cytokines, 자연살해세포와 같은 세포 작용을 통해 인체를 보호한다.
⑤ 항원(antigen)에 대한 특이적 반응을 하는 항체(antibody)를 생산한다.

9 혈전용해제 적응증으로 적절하지 않은 것은?

① 뇌경색
② 뇌동맥류
③ 말초정맥폐색증
④ 급성 심근경색
⑤ 폐색전증

10 조현병으로 항정신병약물 치료를 시작한 대상자가 목과 어깨 근육의 뻣뻣함, 턱 근육의 경직 증상이 나타나며 음식을 삼키기 어렵다고 호소하였다. 간호사의 반응으로 적절한 것은?

① 약물 부작용으로 나타난 증상이며 영구적으로 지속됨을 설명한다.
② 불안감을 감소시키기 위해 조용하고 자극이 적은 환경을 제공한다.
③ 항콜린성 부작용이므로 즉각적으로 콜린성 약물을 투약한다.
④ 조현병 증상이 악화된 것이므로 약물 용량을 증량한다.
⑤ 식사 시 기도 내 흡인을 예방하기 위해 똑바로 눕힌다.

11 알코올 의존환자에 대한 간호중재로 적절하지 않은 것은?

① 알코올 의존은 질환임을 인식시켜 치료동기를 부여한다.
② 개방적, 무비판적, 지지적인 태도로 치료관계를 형성한다.
③ 금단증상을 예방하기 위해 서서히 알코올 섭취를 줄이도록 한다.
④ 자극의 최소화를 위해 조용한 환경을 제공한다.
⑤ 알코올 의존환자 자조집단에 참여하도록 정보를 제공한다.

12 말기 암환자의 보호자에게 하는 간호교육으로 적절하지 않은 것은?

① "오래 누워 있으면 욕창 발생할 수 있으므로 2시간마다 자세를 자주 바꿔주세요."
② "피부 보습제를 사용할 때에는 문지르지 말고 두드리면서 바르고 마사지는 자제해주세요."
③ "고단백 식품을 섭취하고 수분을 자주 섭취해주세요."
④ "세균뇨가 있다면 항생제 처방을 지체 없이 해야 합니다."
⑤ "환자가 대소변을 보지 못하고 의식이 변한 것 같을 때에는 간호사를 불러주세요."

13 당뇨병 환자가 평소대로 인슐린을 투약하고 식사하였다. 자기 전까지 정상혈당 범위를 유지하다가 새벽 3시 혈당이 200mg/dL, 아침 공복혈당이 250mg/dL일 때 적절한 간호중재는?

① 취침 전에 탄수화물을 섭취한다.
② 기상 직후 운동을 하도록 격려한다.
③ 스테로이드를 투약한다.
④ 저녁 인슐린 투여시간을 앞당긴다.
⑤ 인슐린 투여량을 증량한다.

14 다음 〈보기〉에서 간호사가 사용한 치료적 의사소통 기술은?

———————————— 보기 ————————————
- 환 자 : "지난주 회사에서 실수를 했어요. 그 이후 잠을 잘 못자고 회사 가기 전 숨이 탁 막혀요. 제가 가장인데 잘리면 어떡하죠? 앞으로 어떻게 직장생활을 해야 할지 모르겠어요."
- 간호사 : "직장에서 일어난 일에 대해 죄책감을 느끼고 있군요. 그리고 계속 직장을 다닐 수 없게 될까봐 걱정이 되시는군요."

① 재진술 ② 명료화
③ 반영 ④ 요약
⑤ 초점 맞추기

15 간호사와 대상자간 치료적 인간관계에서 종결 단계에 대한 설명으로 옳지 않은 것은?

① 종결에 대한 계획을 수립하고 대상자가 종결에 대해 준비할 수 있도록 한다.
② 초기단계에서 설정한 목표 달성 여부에 대해 간호사와 대상자가 상호 평가한다.
③ 종결이 대상자에게 스트레스를 유발할 수 있음을 인식하고 적응적 행동을 지지한다.
④ 종결단계가 원활히 이루어지지 않을 때 대상자는 간호사에게 지나치게 의존하게 된다.
⑤ 간호사는 대상자에게 초기단계에서 계획한 시간제한이 있음을 상기시키고 독립시킨다.

16 아동의 성장과 발달에 대한 설명으로 옳은 것은?

① 성장과 발달 순서는 예측 불가능하다.
② 섬세하고 복잡한 동작에서 단순한 동작으로 발달한다.
③ 아동의 성장발달 속도는 모두 같다.
④ 다리에서 머리 방향으로 발달한다.
⑤ 중심부에서 말초로 성장과 발달이 이루어진다.

17 Metformin에 대한 설명으로 옳지 않은 것은?

① 경구혈당강하제로 제2형 당뇨병 치료를 위해 사용한다.
② 조영제를 사용하는 방사선검사 전에는 아침 일찍 투여한다.
③ 간에서 당원분해를 억제하여 혈당생성을 감소시킨다.
④ 신장에서 배설되기 때문에 신장질환자에게는 금기이다.
⑤ 투약 전에는 저혈당의 증상과 징후에 대한 교육이 필요하다.

18 2세 남아가 개 짖는 듯한 기침, 쉰 목소리, 흡기 시 천명음, 호흡곤란으로 응급실에 내원하였다. 간호중재로 적절하지 않은 것은?

① 발열 시 체온을 낮추기 위해 미온수 마사지를 시행한다.
② 염증과 기도부종을 감소시키기 위해 스테로이드, 에피네프린을 투약한다.
③ 후두부 부종 감소, 혈관수축을 위해 따뜻한 공기를 제공한다.
④ 호흡양상을 사정하고 기도 폐쇄 같은 응급상황을 대비하여 기관 내 삽관을 준비한다.
⑤ 편안한 호흡을 위해 측위나 반좌위를 취해주고 에너지 소모를 막기 위해 휴식을 제공한다.

19 정기적으로 예방접종을 받은 건강한 6개월 아동에게 시행할 예방접종으로 옳은 것은?

① BCG
② B형간염 2차
③ MMR
④ 일본뇌염
⑤ DTaP 3차

20 피부견인 중 하지의 수평견인과 수직견인을 하나의 줄로 연결하는 것으로 소아의 대퇴골 골절이나 고관절 골절의 고정을 위해 흔히 사용하는 것은?

① Buck's 신전견인
② 골반띠 견인
③ Halter 견인
④ Russell 견인
⑤ 골격견인

21 6세 아동의 놀이에 대한 설명으로 옳은 것은?

① 자신의 신체부위와 손에 닿는 것을 가지고 탐색한다.
② 다른 아동이 노는 것을 지켜보나 그 놀이에 참여하지는 않는다.
③ 동일한 놀이에 같이 참여하나 놀이의 목표나 역할이 없다.
④ 다른 아동들 사이에서 같은 장난감을 갖고 놀지만 함께 놀지 않는다.
⑤ 게임에 일정한 규칙이 있고 특별한 놀이의 목표가 있다.

22 고빌리루빈혈증 환아의 치료를 위해 광선요법을 적용할 때 간호중재로 옳지 않은 것은?

① 안구손상을 예방하기 위해 수유 시에도 안대를 적용한다.
② 피부를 자극시킬 수 있으므로 윤활용 오일이나 로션은 금한다.
③ 신체노출을 극대화하기 위해 자주 체위를 변경한다.
④ 탈수 예방을 위해 수분을 충분히 공급한다.
⑤ 체온이 상승할 수 있으므로 자주 체온을 측정한다.

23 탈수된 영아에게 나타나는 증상으로 옳지 않은 것은?

① 혈압 저하
② 대천문 팽창
③ 피부탄력도 저하
④ 구강점막 건조
⑤ 소변량 감소

24 여성건강간호에 대한 설명으로 옳지 않은 것은?

① 여성의 삶 전체에서 생애주기별 총체적인 건강관리를 제공한다.
② 출산, 양육, 자녀의 사회화 역할은 여성만의 과업으로 간주한다.
③ 여성은 가족구성원의 핵심으로 가족 전체의 건강증진을 목적으로 한다.
④ 여성은 자율적인 존재로 자신의 건강문제에 대해 스스로 결정할 수 있다.
⑤ 여성과 가족의 질병예방과 건강 유지 및 증진에 중점을 둔 간호를 제공한다.

25 1년 전 초경을 시작한 14세 여성이 심한 월경통과 구토, 설사로 내원하였다. 검진 결과 기질적 병변이 없는 경우 월경통의 원인은?

① 프로스타글란딘의 과도한 합성
② 질 내 산성도 증가
③ 질의 탄력성, 긴장도 저하
④ 자궁협부 긴장도 완화
⑤ 에스트로겐 분비 감소

26 임신 36주 3일된 산모의 태아심음검사 결과 자궁수축 극점에서 태아심박동이 감소하기 시작하고 자궁수축이 끝난 후에도 태아심박동이 회복되지 않음을 확인하였다. 이때 산모에게 제공할 간호중재로 적절하지 않은 것은?

① 산소를 공급한다.
② 수액주입 속도를 낮춘다.
③ 산모의 체위를 좌측위로 변경한다.
④ 투여 중인 자궁수축제를 중단한다.
⑤ 응급상황 시 제왕절개수술을 준비한다.

27 임신의 확정적 징후에 해당하는 것은?

① 첫 태동
② 입덧
③ 초음파로 태아확인
④ Goodell's sign
⑤ Chadwick's sign

28 편측 난소절제술을 시행한 환자에 대한 설명으로 옳은 것은?

① 매달 월경이 있다.
② 임신이 불가능하다.
③ 난소호르몬이 분비되지 않는다.
④ 배란이 되지 않는다.
⑤ 호르몬 대체요법이 필요하다.

29 35주 산모의 AFI가 32cm일 때 태아와 임부에게 발생할 수 있는 합병증으로 옳지 않은 것은?

① 태아 폐 형성부전
② 조기파수
③ 제대탈출
④ 태반조기박리
⑤ 이완성 산후출혈

30 소아환자에게 tabaxin 1,100mg을 5% D/W 20mL에 mix하여 Q8hr간격으로 TID IV 투여하라는 처방이 있다. tabaxin 2.25g에 멸균증류수 8.7mL를 mix하여 1바이알에 총 10mL를 만들었다. 간호사가 1회 주사에 tabaxin 몇 mL를 준비해야 하는가?

① 2mL
② 3.7mL
③ 4.9mL
④ 6.3mL
⑤ 8.7mL

31 외과적 무균술의 적용 원칙에 대한 설명으로 옳지 않은 것은?

① 멸균 용액을 부을 때 소량 버린 후 원하는 양을 멸균 용기에 붓는다.
② 멸균 장갑을 착용한 손은 허리선 위 또는 시야 내에 있어야 하고 멸균 물품만 접촉한다.
③ 멸균 용액을 따르는 동안 소독캔의 뚜껑 안쪽 면이 위로 향하게 든다.
④ 멸균 영역 내에서 사용하는 모든 물품은 멸균된 것이어야 한다.
⑤ 멸균 물품의 표면이 젖은 경우 오염된 것으로 간주한다.

32 약물의 투약방법에 대한 설명으로 옳은 것은?

① 설하제는 혀 밑에서 약이 다 흡수될 때까지 물을 마시지 않는다.
② 안연고는 하안검의 외측에서 내측으로 바른다.
③ 편마비 환자에게 경구투약 시 마비된 쪽으로 약을 투여한다.
④ 항생제 피부반응 검사 후 약물 흡수를 돕기 위해 마사지한다.
⑤ 질좌약은 심스 체위에서 질전벽을 따라 8cm 정도 밀어 넣는다.

33 산화에틸렌 가스(Ethylene Oxide Gas, EO gas)로 멸균 가능한 것은?

① 내시경
② 린넨
③ 분말
④ 비경구적 용액
⑤ 유리기구

34 동맥혈 가스분석 검사를 시행한 결과가 다음 〈보기〉와 같을 때 보상기전은?

---- 보기 ----
pH : 7.53, PO_2 : 90mmHg, PCO_2 : 40mmHg, HCO_3^- : 30mEq/L

① 세포외 포타슘 증가
② 폐에서 CO_2 배출 증가
③ 신장에서 중탄산염 보유
④ 이산화탄소 분압 감소
⑤ 호흡수와 깊이 감소

35 부동 환자에게 발아래 발판(foot board)이나 베개를 대어주는 이유는 무엇인가?

① 고관절 외회전을 예방
② 하지의 혈액순환 도움
③ 슬와신경 압박을 감소
④ 발꿈치 부위에 욕창 예방
⑤ 발의 족저굴곡 예방

36 30세 남성 환자가 오른쪽 종아리의 압통과 정맥류로 내원하였다. 심부정맥혈전증이 의심되어 환자를 똑바로 눕힌 상태에서 오른쪽 무릎을 굽히고 발을 배굴시켰을 때 통증을 호소하였다. 이 징후는 무엇인가?

① Homan's sign
② Tinnel sign
③ Kernig sign
④ Brudzinski sign
⑤ Murphy's sign

37 기관절개관을 삽입 중인 환자에 대한 간호로 옳지 않은 것은?

① 기관절개관 삽입부위를 소독할 때 소독솜을 이용해 바깥쪽에서 안쪽으로 소독한다.
② 커프가 있는 기관절개관은 기관조직의 괴사를 막기 위해 압력을 20 ~ 25mmHg로 유지한다.
③ 기관절개관 흡인 시간은 10 ~ 15초를 초과하지 않도록 한다.
④ 구강 내 분비물이 하부기도로 내려가 감염되는 것을 예방하기 위해 구강간호를 제공한다.
⑤ 멸균 생리식염수와 과산화수소를 희석하여 기관절개관의 내관을 세척한다.

38 대변을 보지 못하고 복부팽만이 있는 환자가 관장용액을 주입하는 동안 심한 복통을 호소할 경우 필요한 간호중재로 적절한 것은?

① 복부를 두드리거나 마사지를 시행한다.
② 관장용액의 주입을 즉시 중단하고 의사에게 보고한다.
③ 하복부와 항문에 힘을 주도록 하고 관장용액을 주입한다.
④ 관장 시 나타날 수 있는 정상반응이다.
⑤ 관장용액의 주입 속도를 높인다.

39 완전 비경구영양(TPN)에 대한 설명으로 옳은 것은?

① 주입 속도가 너무 느릴 경우 삼투성 이뇨, 탈수가 발생할 수 있다.
② 감염 예방을 위해 주입용 관을 일주일마다 교환한다.
③ 흉부 X – ray 검사로는 중심정맥관의 위치를 확인할 수 없다.
④ 주입 펌프를 사용해서 빠르게 주입한다.
⑤ 주입을 중단할 때는 48시간에 걸쳐 서서히 중단한다.

40 개인위생에 관한 설명으로 옳은 것은?

① 손톱과 발톱은 곡선모양으로 깎는다.
② 의치를 끼지 않을 때는 거즈에 싸서 보관한다.
③ 당뇨병 환자는 꼭 끼는 양말과 신발을 착용한다.
④ 무의식 환자는 흡인을 예방하기 위해 구강간호를 하지 않는다.
⑤ 욕실문은 응급상황을 대비하여 잠그지 않는다.

41 낙상 위험도가 가장 낮은 환자는 누구인가?

① 침상난간이 내려진 채 혼자 있는 11개월 환자
② 이뇨제를 복용 중인 75세 여자 환자
③ 폐렴으로 항생제 투약 중인 30세 남자 환자
④ 양쪽시력을 상실한 45세 남자 환자
⑤ 과거 낙상 경험이 있는 70세 여자 환자

42 60세 여성이 오른쪽 눈의 백내장으로 낭외적출술을 받았다. 퇴원을 앞둔 환자에게 수술 후 주의사항에 대한 교육 내용으로 적절하지 않은 것은?

① "갑작스런 통증, 시력 감소가 있는 경우 내원하세요."
② "취침 시 오른쪽으로 누워서 주무세요."
③ "허리를 구부리거나 꼭 끼는 옷, 재채기는 피하세요."
④ "안검을 누르거나 안구 마사지를 하지 마세요."
⑤ "수면 중 외상을 예방하기 위해 보호 안대를 착용하세요."

43 협심증 환자가 좌측 어깨에 통증을 호소하는 원인으로 가장 적절한 것은?

① 관상동맥 협착
② 환상통
③ 부동
④ 폐부종
⑤ 도파민 저하

44 레보도파(Levodopa) 투여 시 주의해야 할 점으로 옳지 않은 것은?

① 공복 시 흡수가 잘되나 오심이 있을 경우 음식과 함께 복용한다.
② 알코올 섭취를 금하거나 아주 소량의 알코올만 섭취한다.
③ 약물 흡수를 방해하기 때문에 단백질 섭취를 제한한다.
④ 기립성 저혈압이 발생할 수 있으므로 서서히 자세를 변경한다.
⑤ 약물의 효과를 높이기 위해 비타민 B_6 보충제와 함께 투여한다.

45 급성 신부전 환자에게 속효성 인슐린을 투약하는 이유로 옳은 것은?

① 혈중 소듐 농도를 낮추기 위해
② 혈중 포타슘 농도를 낮추기 위해
③ 혈중 포도당 농도를 낮추기 위해
④ 대사성 알칼리증을 교정하기 위해
⑤ 혈중 질소성노폐물을 배출시키기 위해

46 다음 〈보기〉의 골절의 치유과정을 순서대로 나열한 것은?

―――――――― 보기 ――――――――
㉠ 혈종 및 육아조직 형성
㉡ 골화
㉢ 가골 형성
㉣ 골 강화와 재형성

① ㉢ - ㉠ - ㉡ - ㉣
② ㉢ - ㉡ - ㉣ - ㉠
③ ㉡ - ㉠ - ㉢ - ㉣
④ ㉠ - ㉡ - ㉢ - ㉣
⑤ ㉠ - ㉢ - ㉡ - ㉣

47 혈액 투석을 받고 있는 대상자에게 제공할 간호중재로 옳지 않은 것은?

① 침습적인 시술 및 수술은 투석 직후에 시행한다.
② 투석 전후 활력징후와 체중을 측정하여 비교한다.
③ 저혈압이 발생한 경우 생리식염수를 정맥으로 주입한다.
④ 뇌부종을 예방하기 위해 혈류 속도를 늦춘다.
⑤ 감염성 질환을 예방하기 위해 무균술을 준수한다.

48 ICP 상승 환자의 증상으로 옳지 않은 것은?

① 두통
② 경련
③ 이명
④ 고체온
⑤ 유두부종

49 40세 남성이 추락사고로 척수 T1~6 부분의 신경손상을 진단받았다. 이 환자에게 예상할 수 있는 문제는?

① 사지마비
② 방광기능장애
③ 기도유지불능
④ 팔의 감각 상실
⑤ 목 움직임 불가능

50 재생불량성 빈혈 환자가 양쪽 팔에 점상 출혈이 있어 응급실에 내원하였다. 혈액검사 결과 혈소판 수가 28,000/㎣일 때 간호중재로 적절한 것은?

① 직장으로 체온을 측정한다.
② 침대난간에 패드를 대어준다.
③ 단단한 칫솔과 치실을 사용한다.
④ 변비 시 좌약 투약, 관장을 한다.
⑤ 발열 시 아스피린을 투약한다.

제 03 회 실력평가 모의고사

1. 암 환자 화학요법(chemotherapy)의 적응증으로 옳지 않은 것은?

   ① 종양 제거가 어려운 경우
   ② 전이로 인한 예측할 수 없는 종양의 위험이 높을 경우
   ③ 방사선 요법에 효과가 없을 경우
   ④ 수술 후 재발의 위험이 있을 경우
   ⑤ 종양이 퍼져 있을 경우

2. 세포 손상의 원인으로 옳지 않은 것은?

   ① 저산소증은 세포 손상을 일으키는 가장 흔한 원인이다.
   ② 허혈은 세포 손상을 일으킬 가능성이 높다.
   ③ 몸 안의 면역 또는 염증 반응으로는 세포가 손상되지 않는다.
   ④ 바이러스 감염 또는 세균 감염에 의해서도 손상될 수 있다.
   ⑤ 유전적 장애도 다양한 세포 손상의 원인이 된다.

3. 사구체 여과율을 결정하는 요인으로 옳지 않은 것은?

   ① Na^+, Cl^-, K^+ 등의 이온 여과와 재흡수
   ② 사구체 장벽의 여과계수
   ③ 사구체 내의 정수압
   ④ 사구체 내의 교질삼투압
   ⑤ 보우만주머니 내의 정수압

4 뇌하수체의 난포자극 호르몬(FSH)에 대한 설명으로 옳은 것은?

① 에스트로겐 자극에 의해 분비된다.
② 배란 유도 및 배란 후 황체 형성을 유발한다.
③ 에스트로겐, 프로게스테론의 분비를 촉진한다.
④ 난포성숙의 마지막 완숙 과정에 관여한다.
⑤ 난소의 원시난포 성숙을 유도하여 성숙난포로 성장하게 한다.

5 간경변증으로 입원한 환자의 경과 중 다음 〈보기〉의 변화가 나타났다. 이 환자에게서 가장 우선적으로 관찰될 수 있는 임상증상은?

---- 보기 ----
- 혈청 알부민 2.0g/dL
- 복부 팽만 호소
- 발목 부종 관찰됨
- 일주일간 체중 5kg 증가

① 혈뇨
② 복수
③ 빈뇨
④ 기침
⑤ 체열 상승

6 Levodopa 제제의 약물을 복용하는 파킨슨병 환자 및 가족에게 할 수 있는 간호교육이 아닌 것은?

① "안정제는 약물 효과를 감소시키기 때문에 복용하지 마세요."
② "가급적 공복에 복용하시고 금식 중에도 복용하세요."
③ "기립성 저혈압이 있을 수 있으므로 체위 변경 시 천천히 움직이세요."
④ "약물 투여 시간에 맞춰 단백질 음식을 섭취하도록 하세요."
⑤ "B6 식품은 뇌로 이동하여 전환되는 도파민을 감소시키므로 섭취하지 마세요."

7 학령전기 아동에 관한 설명으로 옳은 것은?

① 스트레스 반응으로 퇴행 현상이 나타날 수 있으며 치료가 필요하다.
② 질병에 대해 완전히 이해하게 된다.
③ 보존개념을 이해할 수 있다.
④ 죽음에 대해 완전히 이해하게 된다.
⑤ 현실과 상상을 혼동할 때에는 논리적으로 바로잡아야 한다.

8 지역사회 간호사의 역할 중 자신의 권리를 주장할 수 있도록 돕는 역할은 무엇인가?

① 변화촉진자
② 교육자
③ 상담자
④ 협력자
⑤ 대변자 · 옹호자

9 초기 기독교 시대의 의료와 의료기관에 대한 설명으로 옳지 않은 것은?

① 최초의 방문 간호는 푀베에 의해 시행되었다.
② 여집사를 중심으로 조직화된 간호를 시행하였다.
③ 마르셀라는 자신의 집을 수도원으로 만들어 가난하고 병든 자들을 돌보았다.
④ 파울라는 순례자를 위한 호스피스를 마련하였다.
⑤ 다이아코니아는 오늘날의 종합병원이다.

10 효과적인 의사소통 기술 중 많은 정보를 얻기 위해 대상자가 충분히 감정을 표현하여 말을 할 수 있도록 하는 기술은?

① 적극적 경청
② 침묵 유지
③ 명료화
④ 말문 열기
⑤ 개방적 질문

11 복막투석에 대한 설명으로 옳은 것은?

① 치료 시간은 3 ~ 5시간가량 소요된다.
② 전문적인 장비가 필요하다.
③ 전신적으로 헤파린 요법이 적용된다.
④ 식이 제한이 까다로운 편이다.
⑤ 환자 스스로 쉽게 조작이 가능하다.

12 다음 〈보기〉에서 악성 신생물의 특성을 모두 고른 것은?

―――――――― 보기 ――――――――
㉠ 성장이 빠르다.　　　　　㉡ 섬유성 피막에 싸여 있다.
㉢ 전이되지 않는다.　　　　㉣ 분화가 잘 안 되어 있다.
㉤ 다른 조직에 침윤하면서 성장한다.　㉥ 유사분열 형태가 없다.

① ㉠, ㉡, ㉤　　　　　　　② ㉠, ㉣, ㉤
③ ㉢, ㉤, ㉥　　　　　　　④ ㉢, ㉣, ㉥
⑤ ㉣, ㉤, ㉥

13 정맥류(Varicose vein)의 증상으로 옳지 않은 것은?

① 검고 구불거리며 튀어나온 혈관
② 거친 피부
③ 장기간 서 있을 때 악화됨
④ 조이는 감각 및 가려움
⑤ 바빈스키반사 양성 반응

14 드레싱의 종류와 그 목적으로 옳지 않은 것은?

① 투명 필름 드레싱은 삼출액이 적은 상처의 1차 드레싱으로 사용된다.
② 하이드로 콜로이드 드레싱은 삼출물을 흡수하며 오염원으로부터 상처를 보호한다.
③ 하이드로 겔 드레싱은 신경 말단을 촉촉하게 하여 통증을 완화시킨다.
④ 알지네이트 드레싱은 상처의 표면에 겔을 형성해 습기를 유지시킨다.
⑤ 폴리우레탄 폼 드레싱은 혈액이나 삼출물을 흡수하여 상처 손상을 줄인다.

15 흐린 시야와 두통을 호소하는 환자의 활력징후를 측정하였더니 빈맥이 나타났다. 또한 ABGA 상 pH 7.1, HCO_3^- 24mEq/L, PCO_2 140mmHg이 측정되었다. 다음 중 어떤 산, 염기 불균형을 나타낸 것인가?

① 호흡성 알칼리증
② 호흡성 산증
③ 대사성 알칼리증
④ 대사성 산증
⑤ 과산소포화

16 위 – 식도 역류 질환(GERD)의 간호중재로 옳지 않은 것은?

① 충분한 수분을 섭취한다.
② 저지방, 고섬유질의 식습관을 가진다.
③ 취침 시 앙와위를 취한다.
④ 배변 시 강하게 힘주지 않는다.
⑤ 무거운 물건을 들지 않는다.

17 갑상샘 절제술 후 응급상황으로 옳지 않은 것은?

① BP 70/45mmHg, HR 128회/분
② Chvostek's sign
③ Trousseau's sign
④ 수술 후 다음날 쉰 목소리
⑤ 목이 조이는 느낌

18 만성 기관지염과 폐기종의 공통적인 증상과 징후로 옳은 것은?

① $PaCO_2$ 상승, PaO_2 저하
② 공명음
③ 기좌호흡
④ 기침과 객담이 적음
⑤ 체중 감소

19 다음 〈보기〉의 심폐소생술(CPR) 과정을 순서대로 나열한 것은?

―――――――――― 보기 ――――――――――
㉠ 도움 요청, 119 신고   ㉡ 가슴 압박
㉢ 회복 확인   ㉣ 반응 확인
㉤ 호흡과 맥박 확인   ㉥ 기도유지, 인공호흡

① ㉠ – ㉢ – ㉡ – ㉥ – ㉣ – ㉤
② ㉠ – ㉤ – ㉥ – ㉡ – ㉣ – ㉢
③ ㉠ – ㉤ – ㉡ – ㉥ – ㉢ – ㉣
④ ㉣ – ㉠ – ㉡ – ㉥ – ㉢ – ㉤
⑤ ㉣ – ㉠ – ㉤ – ㉡ – ㉥ – ㉢

20 간호사가 피부반응검사(AST)를 실시하지 않고 항생제를 투여한 후 환자가 전신 두드러기와 가려움 증상을 호소하였다. 이 간호사가 지키지 않은 법적 의무는?

① 설명 및 동의의 의무
② 비밀유지의 의무
③ 확인의 의무
④ 주의의 의무
⑤ 진료 요청에 응할 의무

21 다음 중 욕창의 고위험에 해당하지 않은 것은?

① 체중 증가
② 비정상적인 임상결과
③ 체액 불균형
④ 감각 이상
⑤ 부동

22 대동맥판막 협착에 대한 설명으로 옳은 것은?

① 3대 대표 증상으로 DOE, 협심증, 운동 시 실신이 있다.
② 우심부전의 증상은 질병 초기 단계에 나타난다.
③ 심근의 산소요구량이 과소하여 발생한다.
④ 초기 증상으로 피로, 허약감, 기좌호흡, 발작성 야간호흡 등이 있다.
⑤ 주로 젊은 남성에게 호발한다.

23 혈전증 및 색전증의 치료제로 사용되는 Heparin에 대한 설명으로 옳지 않은 것은?

① aPTT를 주기적으로 확인해야 한다.
② 출혈의 부작용이 있다.
③ antithrombinⅢ의 항응고 작용을 촉진한다.
④ 혈소판 감소증이 나타날 수 있다.
⑤ 임신 중에는 사용하면 안 된다.

24 디곡신을 투여하기 전에 확인해야 하는 것은?

① 호흡수
② 심첨맥박
③ 혈중칼슘 농도
④ 당뇨약 복용
⑤ 출혈 위험 사정

25 괴사의 종류와 설명으로 옳지 않은 것은?

① 응고괴사는 괴사의 가장 흔한 형태로 핵은 소실되었으나 세포의 윤곽은 쉽게 알아볼 수 있다.
② 액화괴사는 강한 가수분해 효소의 작용으로 발생한다.
③ 괴저괴사는 혈액공급이 상실된 후 세균 감염이 동반된 경우에 나타난다.
④ 효소성 지방괴사는 효소단백의 변성으로 단백분해가 차단되어 생긴다.
⑤ 건락괴사는 결핵 병소인 육아종성 염증 반응에서 볼 수 있는 응고괴사의 일종이다.

26 색전증의 종류와 설명으로 옳지 않은 것은?

① 정맥성 색전증은 우측 심장을 통한 폐동맥 색전증이다.
② 동맥성 색전증은 색전이 동맥 순환을 따라 이동하는 경우이다.
③ 지방색전증은 지방 성분이 혈류로 들어가 혈관을 막는 것을 말한다.
④ 공기색전증은 공기가 혈관 내에서 기포를 형성하여 색전이 되는 것이다.
⑤ 양수색전증은 대부분 대퇴 심부정맥에서 발생하는 색전이다.

27 다음 〈보기〉의 지역사회 간호계획과정을 순서대로 나열한 것은?

───────────── 보기 ─────────────
㉠ 평가계획
㉡ 방법 및 수단 선택
㉢ 간호수행계획서 작성
㉣ 간호문제의 구체적 목적 설정
㉤ 문제규명 및 우선순위설정

① ㉤ – ㉡ – ㉢ – ㉣ – ㉠
② ㉤ – ㉣ – ㉡ – ㉢ – ㉠
③ ㉣ – ㉢ – ㉠ – ㉡ – ㉤
④ ㉣ – ㉡ – ㉤ – ㉢ – ㉠
⑤ ㉢ – ㉣ – ㉤ – ㉡ – ㉠

28 위관 삽입 시 위관 튜브 위치가 제대로 삽입된 징후로 옳은 것은?

① 주사기로 위 내용물을 흡인했을 때 위액이 나오지 않는다.
② 튜브에 공기를 주입할 때 하복부를 청진하면 소리가 난다.
③ pH 테스트 종이 위에 흡인한 내용물을 떨어뜨리면 결과가 pH 2다.
④ 주사기로 20cc 공기를 주입했을 때 트림이 발생한다.
⑤ 튜브 끝을 물에 넣었을 때 기포가 발생한다.

29 신생아의 대동맥판협착증에 관한 설명으로 옳지 않은 것은?

① 체순환량이 감소한다.
② 협착이 심한 경우에도 증상이 거의 나타나지 않는다.
③ 풍선판막 성형술을 시행할 수 있다.
④ 좌심실 혈류 저항 증가로 좌심실 비대가 나타난다.
⑤ 심도자술 시행 시 대퇴동맥을 천자하였을 경우 천자부위를 압박해 출혈을 예방하는 것이 우선적이다.

30 혈액의 조성에 대한 설명으로 옳지 않은 것은?

① 혈액의 정상 pH는 7.35 ~ 7.45로 약알칼리성이다.
② 약 70kg의 체중인 성인의 혈액량은 약 5L 정도이다.
③ 혈액의 성분 중에서 20 ~ 30%는 물이며 나머지는 단백질, 지방질, 무기질 등으로 구성된다.
④ 혈액의 비중은 약 1.06이다.
⑤ 전혈의 55%는 혈장, 45%는 적혈구, 나머지 1% 미만은 백혈구와 혈소판으로 구성된다.

31 발열 대상자의 단계별 간호 중재로 옳지 않은 것은?

① 오한기의 증상은 오한, 피부 창백과 냉기, 소름 등이다.
② 오한기에는 담요를 덮어주고, 수분 섭취를 증가한다.
③ 발열기의 증상은 갈증, 근육통, 무기력, 기면상태 등이다.
④ 발열기에는 차가운 물로 목욕하도록 하며 수분 섭취를 제한한다.
⑤ 해열기에는 심한 발한, 탈수, 피부상기 등의 증상이 나타난다.

32 관절 범위 운동을 시행하는 목적으로 옳지 않은 것은?

① 운동자각 유지를 위해 시행한다.
② 부동 및 마비로 인한 합병증을 예방한다.
③ 유연성을 확보하기 위함이다.
④ 근 수축을 위해 시행한다.
⑤ 근력을 유지시킨다.

33 직무 스트레스의 요인 중 집단 차원에 해당하는 것은?

① 역할 과중
② 조직 분위기
③ 경영 관리 스타일
④ 지위, 신분상의 문제
⑤ 역할 미 발휘

34 진단서에 기재하는 항목이 아닌 것은?

① 병명 및 질병분류 기호
② 입·퇴원 연월일
③ 의료기관의 명칭 및 주소
④ 진단 연월일
⑤ 처방 의약품 명칭

35 손 씻기가 반드시 필요한 경우가 아닌 것은?

① 침습적인 검사 시행 전
② 혈액, 체액, 분비물 등과 접촉한 후
③ 환자 접촉 전
④ 투약 전
⑤ 동료 의료진과의 접촉 전

36 REM 수면 및 NREM 수면의 특징으로 옳지 않은 것은?

① 깨우기 매우 어려운 수면 단계는 NREM 4단계이다.
② 혈압, 맥박, 호흡이 증가하는 시기는 REM수면이다.
③ 수면 전반부에 존재하는 단계는 REM수면이다.
④ 노인은 NREM 3, 4단계 수면이 감소한다.
⑤ REM수면 시 뇌파활동이 활발하고 꿈을 꾸게 된다.

37 간호 계층별 간호관리자의 역할에 대한 것으로 옳지 않은 것은?

① 최고관리자는 간호부서의 대변자로 병원의 중요한 의사결정에 참여한다.
② 최고관리자는 임상 간호의 발전을 위한 연구를 지휘한다.
③ 중간관리자는 간호부서의 정책수립과 업무집행에 참여한다.
④ 일선관리자는 간호 단위를 대표하여 간호부서의 회의에 참여한다.
⑤ 일선관리자는 환자의 간호요구, 간호사의 능력을 파악하여 업무를 적절히 배분해야 한다.

38 조현병의 증상 중 뚜렷한 목적 없이 신체적인 운동을 반복하는 것은 무엇인가?

① 긴장성 혼미
② 상동증
③ 기행증
④ 자동증
⑤ 거부증

39 기침이나 재채기를 할 때 실금이 발생하여 곤란을 겪고 있는 환자의 요실금 형태는 무엇인가?

① 긴박성 요실금
② 기능적 요실금
③ 반사성 요실금
④ 일시적 요실금
⑤ 복압성 요실금

40 목표관리의 장점에 관한 것으로 옳지 않은 것은?

① 업무의 효율화
② 자기개발 및 자아실현
③ 조직 구성원의 활성화
④ 경쟁의식 초래
⑤ 통제수단

41 성취동기 이론에서 성취동기가 높은 사람의 특성이 아닌 것은?

① 문제 해결에 대해 책임지는 것을 선호한다.
② 일의 성취로 인한 보상에 관심을 갖는다.
③ 자신의 능력을 발휘하여 자부심을 높이려 한다.
④ 즉각적인 피드백을 강구한다.
⑤ 적절한 위험을 즐긴다.

42 1년의 범위에서 의료면허자격이 정지되는 사항으로 옳지 않은 것은?

① 의료인의 품위를 심하게 손상시키는 행위를 한 때
② 의료인이 아닌 자로 하여금 의료행위를 하게 한 때
③ 진단서·검안서 또는 증명서를 거짓으로 작성하여 내주었을 때
④ 진료기록부 등을 거짓으로 작성하거나 고의로 사실과 다르게 기재·수정한 때
⑤ 태아 성 감별 행위 금지를 위반한 때

43 조직화의 기본 원리에 대한 설명으로 옳지 않은 것은?

① 계층제의 원리는 역할의 체계, 권한과 책임의 정도에 따라 직무등급이 나뉘는 체계이다.
② 통솔범위의 원리는 한 사람의 통솔자가 통솔할 수 있는 범위를 초과해서는 안 된다는 원리이다.
③ 명령 통일의 원리는 두 명 이상의 상사에게 명령을 받고 보고해야 한다는 원리이다.
④ 분업·전문화의 원리는 업무를 종류와 성질에 따라 나누어 구성원이 한 가지 주된 업무를 맡도록 일을 분담하는 것이다.
⑤ 조정의 원리는 공동 목표를 달성하기 위해 구성원의 행동을 통일하는 것이다.

44 인슐린 의존성 당뇨병(1형 당뇨병)에 관한 설명으로 옳은 것은?

① 서서히 진행되며 40세 이상에서 발병한다.
② 과체중과 관련이 있다.
③ 식이 요법으로 조절할 수 있다.
④ 경구용 혈당저하제는 복용하지 않도록 한다.
⑤ 당뇨성 케톤산증이 거의 발생하지 않는다.

45 의료법 개정에 따른 간호의 변화에 대한 설명으로 옳지 않은 것은?

① 1962년 면허를 위한 국가고시제가 시행되었다.
② 1962년 조산사의 교육과정이 분리되었다.
③ 1973년 간호고등기술학교가 개설되었다.
④ 1981년 간호사의 보수교육이 의무화되었다.
⑤ 1990년 가정간호사를 업무분야별 간호사로 인정하였다.

46 임신의 징후와 설명이 알맞게 짝지어진 것은?

① Mcdonald's sign : 자궁 협부의 연화
② Hegar's sign : 자궁 경부의 연화
③ Chadwick's sign : 질 벽과 질 전정의 자청색
④ Braunvon Fernwald's sign : 종양처럼 보이는 비대칭성 증대
⑤ Ladin's sign : 경부 반대쪽으로 자궁 체부가 기울어짐

47 경구 피임약의 장점으로 옳은 것은?

① 정확한 시간에 복용하지 않아도 된다.
② 부작용이 없고 성병을 예방할 수 있다.
③ 월경통, 월경과다의 증상을 완화시킨다.
④ 생식기에 비정상 출혈이 있는 경우 사용한다.
⑤ 영구적 피임 방법이다.

48 보건 교육의 교육 매체 종류와 설명으로 옳은 것은?

① 실물은 다수의 대상자가 있을 경우 적합하다.
② 모형은 확대·축소가 가능하여 세부적인 부분까지 볼 수 있다.
③ 융판은 복잡한 내용을 섬세하게 설명할 수 있어서 고학년에게 적합하다.
④ 벽보는 학습자들의 흥미를 유발시키고 장기간 게시하여 정보전달에 용이하다.
⑤ 실물 환등기는 별도의 암막장치가 필요하지 않아 경제적이다.

49 치료적 인간관계의 단계에 대한 설명으로 옳지 않은 것은?

① 치료적 인간관계는 '상호작용 전 단계 - 오리엔테이션 단계 - 활동단계 - 종결단계'로 이루어져 있다.
② 상호작용 전 단계는 자기탐색을 하는 과정이다.
③ 오리엔테이션 단계는 신뢰감, 협력 관계 등을 형성하여 간호계획을 수립하는 단계이다.
④ 활동 단계는 진행 사항과 목적달성 여부에 대해 평가하는 단계이다.
⑤ 종결 단계에서 스트레스를 유발할 수 있으며 대상자의 적응적 행동을 지지하여야 한다.

50 각 직무를 보상요인별로 분류하여 서열을 정하는 직무 평가 방법은?

① 서열법
② 직무등급법
③ 직무분류법
④ 점수법
⑤ 요소 비교법

제 04 회 실력평가 모의고사

1 응급실 내원 환자가 불안하고 초조한 모습을 보이며 '혈압 100/45mmHg, 맥박 120회/min, 호흡 24회/min'이 측정되었다. 피부는 창백하며 차고 축축하였으며 핍뇨 증상이 나타나는 쇼크는?

① 심인성 쇼크
② 패혈성 쇼크
③ 신경성 쇼크
④ 아나필락틱 쇼크
⑤ 저혈량성 쇼크

2 A형 간염 환자의 간호 중재로 옳지 않은 것은?

① 환자에게 수시로 손 닦기를 교육한다.
② 간 기능이 악화됐을 경우 단백질, 나트륨, 섭취를 제한한다.
③ 일회용 식기를 사용하고 먹다 남은 음식은 버린다.
④ 혈액 취급 시 장갑과 가운을 착용한다.
⑤ 대소변 관리 등에 관련한 위생관리를 교육한다.

3 세포의 적응에 관한 설명으로 옳지 않은 것은?

① 세포 적응에는 생리적 적응과 병적 적응이 있다.
② 세포 증식은 기능적 부하의 증가 또는 호르몬에 대한 반응으로 발생한다.
③ 세포 비대는 조직을 구성하는 세포가 원래의 구조를 유지하면서 부피만 증가하는 것이다.
④ 세포 위축은 혈류 공급의 감소, 신경지배의 상실, 영양장애, 노화 등이 원인이다.
⑤ 세포 화생은 성숙된 세포가 다른 형태의 성숙된 세포로 대치되는 것이다.

제한 시간	50 분
맞힌 문항	_____ / 50문항
회독 수	1☐ 2☐ 3☐

4 위장관의 주요 호르몬의 종류와 생리적 작용으로 옳게 짝지어진 것은?

① 가스트린(Gastrin) – 위산과 위액 분비를 촉진
② 가스트린(Gastrin) – 위 수축
③ 콜레시스토키닌(CCK) – 췌장액효소 분비
④ 시크레틴(Secretin) – 담낭 수축
⑤ 위억제성 펩티드(GIP) – 인슐린 분비 촉진

5 불면증의 중재 방법으로 옳지 않은 것은?

① 규칙적인 기상 시간을 지킨다.
② 밤에 잠이 오지 않으면 일어나서 다른 무언가를 한다.
③ 수면과 관계없는 자극을 침실에서 제거한다.
④ 원하는 수면시간에 도달할 때까지 취침 시간을 지연시킨다.
⑤ 주간에 적당한 운동량을 유지한다.

6 재산과 지위를 모두 포기하여 가난한 사람들에게 나눠주고, 기독교의 가르침을 따라 전도와 간호를 했던 집단은?

① 기사간호단   ② 탁발승단
③ 군사간호단   ④ 자선간호단
⑤ 카이저스베르트 간호사 양성소

7 만성 폐쇄성 폐질환(COPD) 환자는 퇴원 후 자가간호가 중요하다. COPD 환자에게 시행할 간호교육으로 옳지 않은 것은?

① "숨쉬기 어려울 땐 상체를 앞으로 숙이세요."
② "하루에 2~3L 수분을 섭취하세요."
③ "니코틴 패치를 사용하실 수 있습니다."
④ "고단백, 고칼로리 위주로 식사하세요."
⑤ "입맛이 없을 땐 마른 음식이나 우유를 섭취하세요."

8 제왕절개 분만의 적응증으로 옳지 않은 것은?

① 모체가 고혈압성 질환이 있는 경우
② 과거 제왕절개 분만의 경험이 있을 경우
③ 태아에게 아두골반 불균형이 있을 경우
④ 태아가 사망한 경우
⑤ 전치태반 혹은 태반조기박리의 경우

9 여성 유방 종양에 대한 설명으로 옳지 않은 것은?

① 섬유샘종은 양성종양으로 주위 경계가 분명하다.
② 섬유샘종은 20대와 30대에서 주로 발생한다.
③ 관내유두종은 유두관내의 상피 세포가 유두상으로 증식하는 양성 종양이다.
④ 유방암은 40대와 50대에서 주로 발생하는 악성 종양이다.
⑤ 유방암은 침윤성 관암이 임상적으로 예후가 가장 좋다.

10 요추 천자에 대한 설명으로 옳지 않은 것은?

① 요추 천자는 L3 – L4 또는 L4 – L5 사이에 시행한다.
② 정상적인 뇌척수압은 60 ~ 180mmH$_2$O(5 ~ 15mmHg)이다.
③ 정상적인 뇌척수액은 무색, 투명하다.
④ 뇌종양이 의심될 때 요추 천자를 시행한다.
⑤ 요추 천자 직후엔 반듯한 자세로 누워 있어야 한다.

11 독일의 모관제도에 관한 설명으로 옳지 않은 것은?

① 간호계 발전을 저해한 요소로 작용하였다.
② 졸업 후에도 간호사들은 계속해서 이 제도와 연결되어 졸업 후의 생활도 제재를 받았다.
③ 고된 부담과 강요된 생활, 빈곤에 시달렸다.
④ 뿌리 깊은 신념으로 모관의 개혁은 쉽게 이루어지지 않았다.
⑤ 조산학 대학과 연계된 학교에서 지방자치 비용으로 교육하였다.

12 심폐소생술에 관한 설명으로 옳지 않은 것은?

① 가슴압박과 인공호흡의 비율은 15:1이다.
② 기본 순서는 'C → A → B'이다.
③ 5 ~ 6cm 깊이로 가슴압박을 시행한다.
④ 성인의 가슴압박 위치는 가슴뼈의 아래쪽 1/2이다.
⑤ 가슴압박의 속도는 분당 100 ~ 120회 정도가 적당하다.

13 다음 〈보기〉에서 파킨슨병의 증상을 모두 고른 것은?

보기
㉠ 강직
㉡ 진전
㉢ 저속 보행
㉣ 문제해결 능력 저하
㉤ 지남력 상실
㉥ 체위 불안정
㉦ 운동 불능

① ㉠㉡㉢
② ㉠㉡㉣
③ ㉠㉡㉤㉥㉦
④ ㉠㉡㉢㉥㉦
⑤ ㉠㉡㉢㉣㉦

14 체인스톡 호흡의 특징으로 옳은 것은?

① 무호흡과 호흡이 교대로 나타나며 임종 48시간 전에 나타난다.
② 당뇨성 산증, 당뇨성 혼수가 원인이며 깊고 빠르거나 느린 속도로 호흡한다.
③ 운동, 불안, 대사성 산증이 원인이며 호흡의 깊이와 빈도가 증가하고 규칙적이다.
④ 열, 저산소증, 폐 기능 장애 등이 원인이며 분당 20회 이상의 빠르고 얕게 호흡한다.
⑤ 과호흡과 무호흡이 동반되며 반복성이 없이 무호흡 기간이 불규칙하게 나타난다.

15 심인성 쇼크의 원인으로 옳은 것은?

① 화상, 출혈, 탈수 등에 의한 체순환 혈액량 감소로 발생한다.
② 혈액 내 세균 감염으로 전신 혈관이 확장되고 혈압이 저하되면서 발생한다.
③ 약물, 음식, 독, 곤충 등에 대한 과민반응으로 나타난다.
④ 심박출량 감소, 심근경색, 부정맥이 원인이다.
⑤ 약물 과다복용, 척추손상 등으로 교감신경계가 손상되어 발생한다.

16 1도 화상 상처로 옳지 않은 것은?

① 발적
② 뼈조직 손상
③ 부종
④ 표피 손상
⑤ 홍반

17 췌장암의 진단 및 증상에 대한 설명으로 옳은 것은?

① 혈액검사에서 ALT, AST 수치 상승
② 전신 부종 및 심한 복수
③ A/G ratio 감소
④ 밤에 통증이 심해지며 통증으로 밤중에 자주 깸
⑤ 견갑골 방사통 및 소양감

18 팔꿈치 골절로 깁스를 한 고령의 환자가 계단 난간을 잡을 수 없어서 불안하다고 간호사에게 호소한다고 할 때 매슬로우의 욕구 단계 중 어느 단계에 해당하는가?

① 생리적 욕구
② 자아실현의 욕구
③ 사회적 욕구
④ 안전과 안정의 욕구
⑤ 사랑과 소속감의 욕구

19 전립선 비대증 환자에게 경요도 전립선 절제술 시행 시 교육해야 할 내용으로 옳지 않은 것은?

① 수술 전에는 1L/일 이하로 과다한 수분 섭취를 금한다.
② 수술 후에는 2달 동안 힘이 가해지는 행위는 하지 않는다.
③ 3주간은 성생활을 제한한다.
④ 발기는 정상적으로 가능하다는 것을 알려준다.
⑤ 맵고 짠 음식, 커피, 술 등은 제한한다.

20 동정맥루 환자의 간호중재로 옳은 것은?

① 동정맥루를 가진 팔에 정맥주사, 채혈 또는 혈압을 측정해도 무관하다.
② 일주일에 한 번씩 진동(thrill) 및 잡음(bruit)을 청진한다.
③ 수술 직후에는 동정맥루를 가진 팔을 상승시킨다.
④ 동정맥루 수술 후 다음날부터 투석이 가능하다.
⑤ 수술 직후부터 공 주무르기 운동 등이 가능하다.

21 한국 간호사 윤리강령이 개정된 이유로 옳지 않은 것은?

① 제1차 개정 이유는 변화하는 사회에 부응하기 위함이다.
② 제2차 개정 이유는 변화하는 의료현실을 반영하기 위함이다.
③ 제3차 개정 이유는 대상자의 권리, 자율성의 중요성이 증가했기 때문이다.
④ 제4차 개정 이유는 급변하는 의료 환경에 대처하기 위함이며, 정의와 신뢰의 증진에 관한 내용이 추가되었다.
⑤ 제4차 개정 이유는 사회적으로 간호사에게 요구되는 덕목을 명확화하고, 구체화하기 위함이다.

22 안정형 협심증 환자의 중재 간호로 옳은 것은?

① 필요시 심전도 검사를 시행한다.
② digitalis를 투약한다.
③ 고지방 식이를 권장한다.
④ 활동 시 통증 발생이 쉽게 되므로 운동은 권장하지 않는다.
⑤ 투약 시 작열감이 없어야 한다.

23 간호관리자의 관리 역량으로 옳지 않은 것은?

① 의사소통과 관계 형성 구축
② 보건의료 환경에 대한 지식
③ 정치권력
④ 리더십
⑤ 경영기술

24 인구 구조 유형 중 출산연령에 해당하는 청·장년층 등 생산연령층 비율이 높은 유형은?

① 피라미드형
② 종형
③ 항아리형
④ 호로형
⑤ 별형

25 다음 〈보기〉에서 폐포의 과다환기 증상을 모두 고른 것은?

───── 보기 ─────
㉠ 빈맥   ㉡ 어지러움
㉢ 가벼운 두통   ㉣ 사지 저림
㉤ 집중력 감퇴   ㉥ 심부정맥

① ㉠, ㉡, ㉢, ㉣
② ㉠, ㉡, ㉣, ㉤
③ ㉠, ㉢, ㉣, ㉤
④ ㉡, ㉢, ㉣, ㉥
⑤ ㉡, ㉣, ㉤, ㉥

26 간호 기록의 일반적인 지침으로 옳지 않은 것은?

① 기관의 양식과 절차를 준수한다.
② 구체적인 용어와 정자로 분명하게 기록한다.
③ 소속기관이 인정한 약어와 기호를 사용한다.
④ 개인적인 해석이나 판단은 생략한다.
⑤ 미리 기록하여 누락되지 않도록 한다.

27 의료의 질 구성요소로 올바르게 짝지어진 것은?

① 효과성 : 건강 수준의 향상에 기여한다고 인정된 결과의 산출 정도
② 효율성 : 필요한 서비스를 제공할 수 있는 구비 정도
③ 접근성 : 건강 개선과 그 건강 개선에 드는 비용의 균형
④ 지속성 : 분배와 혜택의 공정성을 결정하는 원칙에 대한 정도
⑤ 수용성 : 대상 인구집단의 요구에 부합하는 정도

28 인플루엔자 바이러스에 대한 설명으로 옳은 것은?

① 모든 감기의 원인이 된다.
② 상기도에 국한하여 감염을 일으킨다.
③ 사람, 돼지, 말, 새 등에게 감염되는 전 세계적 유행성 독감의 원인이다.
④ 귀밑샘 또는 다른 침샘을 침범하는 급성 접촉성 바이러스이다.
⑤ 나선형의 RNA 구조를 가지고 있다.

29 고관절 전치환술 후 탈구 예방을 위한 간호에 대한 설명으로 옳지 않은 것은?

① 높은 변기를 이용한다.
② 다리 바깥에 베개를 두어 내전 상태를 유지한다.
③ 말단 부위의 내회전을 삼간다.
④ 수술 부위가 있는 부분으로 눕지 않는다.
⑤ 팔걸이가 있는 의자를 이용한다.

30 생명 윤리의 기본 원칙에 대한 설명으로 옳지 않은 것은?

① 자율성 존중의 원칙은 자신의 생각으로 선택하며 개인적 신념을 가지고 행동할 권리를 말한다.
② 자율성 존중의 원칙의 전제조건은 필요한 지식이나 정보를 이해하는 능력, 결정에 있어서 자율성이 보장된다는 것이다.
③ 무해성의 원칙은 타인에게 해를 입히거나 해를 입힐 위험을 초래하는 행위를 하지 말아야 할 의무이다.
④ 선행의 원칙은 타인을 돕기 위한 적극적이고 긍정적인 것으로 친절과는 구별되어야 한다.
⑤ 정의의 원칙은 환자에게 모든 정보를 제공하여 시행될 치료에 대해 자발적으로 동의하고 협조하게 하는 것이다.

31 잘못된 방법으로 인해 실제 혈압보다 높게 측정되는 경우는?

① 팔의 크기에 비해 넓은 커프를 사용했을 때
② 팔이 심장보다 낮게 있을 때
③ 수은 기둥이 눈 위치보다 아래에 있을 때
④ 밸브를 빨리 풀었을 때
⑤ 커프에 충분한 공기를 주입하지 않았을 때

32 복부 검진 시행 순서로 옳은 것은?

① 청진 - 시진 - 촉진 - 타진
② 청진 - 시진 - 타진 - 촉진
③ 시진 - 촉진 - 청진 - 타진
④ 시진 - 청진 - 촉진 - 타진
⑤ 시진 - 청진 - 타진 - 촉진

33 대장 조영촬영을 시행할 때 적절한 관장 방법은?

① 구풍 관장
② 수렴 관장
③ 배출 관장
④ 영양 관장
⑤ 바륨 관장

34 호흡의 종류와 설명에 대한 내용으로 옳지 않은 것은?

① 정상 호흡은 흡기와 호기가 규칙적이고 일호흡용적은 500mL 정도이다.
② 서호흡은 규칙적이지만 호흡률이 비정상적으로 느리다.
③ 무호흡은 호흡이 없는 상태이다.
④ 과호흡은 호흡률과 깊이는 정상적이나 일호흡용적이 증가된 호흡이다.
⑤ 쿠스마울 호흡은 비정상적으로 깊고 빠른 호흡이며 규칙적이다.

35 활력징후를 반드시 측정해야 하는 경우에 해당되지 않는 것은?

① 입원 시 기초자료 수집을 위해
② 수혈을 시작하기 전
③ 침습적인 검사 후
④ 퇴원 전 환자 상태 파악을 위해
⑤ 환자 상태가 급격히 변하는 경우

36 TPN 제공 대상자의 간호에 대한 설명으로 옳지 않은 것은?

① 빨리 투여되지 않도록 철저한 관리가 필요하다.
② TPN 용액을 다른 약물, 혈액과 같은 관으로 투여하면 안 된다.
③ 투여 중단 시 용량을 서서히 감량해서 중단해야 한다.
④ 감염 예방을 위해 주입용 튜브를 48시간마다 교환해야 한다.
⑤ 혈당 조절을 관리한다.

37 치료적 의사소통 중 중요한 주제에서 벗어나지 않도록 하나의 주제에 집중하게 도와주는 기술은?

① 반영
② 초점 맞추기
③ 명료화
④ 재진술
⑤ 정보 제공

38 간호 관련 국제 조직에 관해 바르게 짝지어진 것은?

① 국제간호협의회(ICN) : 독립적인 비정부기구로 간호사의 자질 및 전문직으로서의 지위 향상을 목적으로 설립되었다.
② 국제간호협의회(ICN) : 전쟁방지와 평화유지를 위해 설립된 국제기구이다.
③ 세계보건기구(WHO) : 전시나 사변 시 상병자, 어린이 등 취약계층의 간호와 보호를 위해 설립되었다.
④ 국제적십자사(ICRC) : 국제적으로 가장 오래된 여성단체이다.
⑤ 국제연합(UN) : 세계 온 인류의 건강을 가능한 최고 수준으로 도달하게 하는 것이 목표이다.

39 혈당 조절에 관여하는 호르몬이 아닌 것은?

① 갑상샘 호르몬
② 카테콜라민
③ ACTH
④ 안지오텐신
⑤ 성장호르몬

40 체온 측정 시 유의사항으로 옳지 않은 것은?

① 신생아는 액와 또는 고막 체온 측정이 적절하다.
② 어린이의 액와 체온 측정 시 팔을 지지하면 결과가 부정확하게 측정된다.
③ 여성보다 남성의 체온변화가 심하다.
④ 영아는 주변 환경의 온도 변화에 민감하다.
⑤ 노인은 비정상적인 혈관 수축 반응으로 저체온의 위험성이 크다.

41 집단 의사결정 기법 중 몇 명의 전문가들의 독립적인 의견을 우편으로 수집하여 합의가 이루어질 때까지 논평하는 기법은?

① 브레인스토밍
② 명목집단기법
③ 전자회의
④ 브레인라이팅
⑤ 델파이 기법

42 자료 수집 방법 중 개방형 질문의 장점으로 옳지 않은 것은?

① 표현의 자유가 허용되며 위협적이지 않다.
② 시간 소요가 적다.
③ 환자의 자발적인 생각이 가능하다.
④ 묻지 않은 대답도 가능하다.
⑤ 환자의 관심과 믿음을 전달받을 수 있다.

43 모유 수유의 장점으로 옳지 않은 것은?

① 적당량의 단백질을 함유한다.
② 불포화 지방산을 다량 함유한다.
③ 면역학적으로 이로운 점이 많다.
④ 수유를 통한 촉각 자극은 모아 간 애착을 형성한다.
⑤ 남은 모유는 실온에서 72시간까지 보관이 가능하다.

44 편도선염으로 인해 편도선 절제술을 시행한 아동의 간호로 옳지 않은 것은?

① 빨대, 설압자 사용은 금한다.
② ice collar를 적용한다.
③ 압력이 가해지므로 엎드려 눕히지 않는다.
④ 붉은색이나 갈색의 액체는 섭취하지 않는다.
⑤ 침을 지속해서 삼키는지 관찰한다.

45 의사소통 네트워크 중 수레바퀴형(윤형)에 관한 설명으로 옳은 것은?

① 두 사람 사이에서 의사소통하면서 릴레이 형식으로 정보를 전달한다.
② 사기 저하의 우려가 있고, 융통성이 낮다.
③ 정보가 특정 리더에게 집중된다.
④ 공식적인 리더가 있으나 권력의 집중과 지위의 고하가 없다.
⑤ 서로 다른 집단 간 조정이 필요할 때 유용하다.

46 근육 주사 시 주사 부위로 옳지 않은 것은?

① 삼각근 중앙 부위
② 둔부의 배면 부위
③ 복부
④ 둔부의 복면 부위
⑤ 대퇴 부위

47 직무 설계 방법으로 옳지 않은 것은?

① 직무 단순화는 전통적인 접근 방법으로 한 사람의 과업 수를 줄여 직무를 단순화시키는 것이다.
② 직무 순환은 과업의 수와 종류가 증가할 수 있다.
③ 직무 확대는 수평적 직무 확대로 직무의 범위를 증가하는 방법이다.
④ 직무 충실화는 직무내용과 환경을 재설계하여 개인의 동기를 유발할 수 있다.
⑤ 직무 충실화는 직무 수행자가 스스로 직무를 계획하고 통제하도록 위임한다.

48 응급 피임법에 관한 설명으로 옳지 않은 것은?

① 계획되지 않은 성행위 후 임신을 방지하기 위해 사용한다.
② 단기간에 강력한 호르몬 노출에 의해 배란이 지연되는 원리이다.
③ 성교 후 첫 72시간 내에 복용해야 효과가 있다.
④ 피임에 실패하여 임신이 지속되면 태아 기형을 야기할 수도 있다.
⑤ 오심, 구토, 두통, 유방통증, 어지러움 등의 부작용이 나타날 수 있다.

49 간호사의 역할 중 옹호자에 대한 설명으로 옳은 것은?

① 치유과정을 통해 환자가 건강을 회복하도록 돕는다.
② 다른 건강 요원들을 감독, 간호 현장의 자원을 관리하는 역할을 한다.
③ 환자의 인간 및 법적 권리를 보호하는 역할을 한다.
④ 환자에게 신체적, 정서적 지지 및 격려를 제공한다.
⑤ 건강 간호에 관한 개념을 설명하고 학습을 강화하며, 환자의 변화를 평가한다.

50 심근경색에 대한 설명으로 옳지 않은 것은?

① 혈액검사에서 CK – MB를 확인한다.
② 30분 이상 지속되는 흉통이 발생한다.
③ 급성 심근경색에는 휴식이나 nitroglycerin이 효과적이다.
④ 부정맥, 심인성 쇼크 등의 합병증이 발생할 수 있다.
⑤ ECG상 ST분절의 상승이 관찰된다.

제 05 회 실력평가 모의고사

1 간호단위에서 약품 관리 방법으로 옳지 않은 것은?

① 마약류는 일반인이 쉽게 발견할 수 없는 장소에 설치하되 이동할 수 없도록 설치해야 한다.
② 소지한 마약류가 파손된 경우 지체 없이 허가관청에 사유를 보고해야 한다.
③ 향정신성 의약품는 잠금장치가 설치된 장소에 저장한다.
④ 마약류는 이중으로 잠금장치가 설치된 견고한 재질로 만들어진 금고에 저장한다.
⑤ 의료용 마약류의 저장시설을 연1회 점검하고 점검부를 작성·비치하여 1년간 보존한다.

2 간호사가 환자에게 주사를 놓기 전 주사부위에 냉요법을 적용하였다. 냉요법의 어떤 생리적 효과를 이용한 것인가?

① 모세혈관 확장
② 통증 감소
③ 근육 이완
④ 조직대사 증가
⑤ 혈액순환 촉진

3 포괄수가제에 대한 설명으로 옳지 않은 것은?

① 질병별로 사전에 결정된 일정액의 진료비를 지급한다.
② 과잉진료를 줄여 의료비를 절감할 수 있다.
③ 행정적으로 관리가 간편하다.
④ 의료의 질을 높이고 의료인의 자율성을 보장한다.
⑤ 우리나라는 편도아데노이드 절제술, 충수절제술이 포함된다.

제한 시간	50 분
맞힌 문항	_____ / 50문항
회독 수	1☐ 2☐ 3☐

4 세포에 대한 설명으로 옳은 것은?

① 림프구는 염증부위에 가장 빠르게 나타나는 백혈구이다.
② T-림프구는 항원에 노출되었을 때 혈장세포와 기억세포로 분화된다.
③ 보조 T림프구의 세포막은 $CD8^+$라는 단백질을 갖고 있어 $CD8^+$ T림프구라 한다.
④ $CD4^+$ T림프구는 세포독성 T림프구라고도하며 MHC항원을 포함한 세포를 파괴한다.
⑤ 단핵식세포는 cytokine이라는 작은 단백질 활성물질을 분비한다.

5 당뇨병의 병태생리에 대한 내용으로 적절하지 않은 것은?

① 상대적·절대적 인슐린 부족 시 간에서 글리코겐이 포도당으로 분해된다.
② 인슐린이 부족하면 단백질이 이화되어 근육세포가 아미노산으로 전환된다.
③ 인슐린은 지방의 합성을 촉진하고 지방산의 분해를 막아 케톤체 형성을 억제한다.
④ 혈중포도당 농도가 높으면 포도당이 소변으로 배설되어 삼투성 이뇨가 발생한다.
⑤ 인슐린이 부족하면 혈액 내 수소이온농도가 감소하여 대사성 알칼리증이 발생한다.

6 12개월 된 아동이 체온 38.9℃으로 오르고 사지가 뻣뻣해지며 침을 흘리고 안구가 위쪽으로 돌아가면서 발작이 나타날 때 우선적으로 해야 하는 간호중재는?

① 기도 확보를 위해 고개를 옆으로 돌려둔다.
② 해열제를 투약한다.
③ 신체보호대를 적용한다.
④ 옷을 벗기고 미온수로 마사지를 한다.
⑤ 무거운 이불을 덮는다.

7 세포가 외부의 환경자극으로부터 일정한 상태를 유지하려는 성질을 의미하는 것은?

① 균형
② 동화작용
③ 이화작용
④ 항상성
⑤ 적응

8 류마티스 관절염의 병태생리로 옳지 않은 것은?

① 연골의 퇴행으로 관절면에 뼈가 과잉으로 증식하면서 발생한다.
② T세포를 중심으로 관절활막에 염증세포가 모인다.
③ 활막에 발생한 염증이 판누스를 형성하고 뼈 파괴를 유발한다.
④ 류마티스 인자와 IgG의 면역복합체가 염증성 프로스타글란딘을 방출시킨다.
⑤ Cytokine가 직접 세포에 작용하여 뼈와 연골을 파괴한다.

9 갑상샘과 갑상샘 분비호르몬에 대한 설명으로 옳은 것은?

① 갑상샘은 요오드를 흡수하고 농축하여 갑상샘 호르몬을 합성한다.
② 시상하부가 손상되면 갑상샘 자극호르몬 방출인자의 분비가 증가한다.
③ Calcitonin은 갑상샘에서 방출되어 혈청칼슘 농도를 높이고 파골작용을 촉진한다.
④ 갑상샘의 여포세포에서 Calcitonin을 생산하고 부여포세포에서 T3, T4를 생산한다.
⑤ 갑상샘 호르몬 수치가 감소하면 뇌하수체에서 갑상샘 자극호르몬의 분비가 감소한다.

10 공황장애 대상자에게 해야 하는 간호중재를 적절하지 않은 것은?

① 대상자 스스로 불안을 느끼고 감정을 표현할 수 있도록 지지한다.
② 인지과정이 방해받을 수 있으므로 대상자 시야 중심에 간호사 자신을 둔다.
③ 불안을 호소하면 대상자 곁에 있어주며 대상자의 이야기를 경청한다.
④ 불안증상과 관련된 문제에 대해 객관적이고 권위적인 태도로 의사소통한다.
⑤ 친숙하고 자극이 적은 환경을 유지하여 안정감을 제공한다.

11 지역사회 유형에 대한 설명으로 옳지 않은 것은?

① 대면공동체는 구성원 간 상호교류가 많으며 친밀감과 공동의식을 갖고 있다.
② 조직공동체는 일정한 구조를 갖고 있으며 특정한 목표를 추구하는 구조적 지역사회이다.
③ 지리적·법적 경계로 정의된 지역사회로 보건소 설립기준이 되는 공동체는 자원공동체이다.
④ 낚시회, 산악회 등 특수 분야에 같은 관심을 가지고 모인 공동체는 특수흥미공동체이다.
⑤ 생태학적 문제 공동체는 기후, 환경 등 지리적 경계를 넘어 동일한 환경문제에 관심을 갖고 있다.

12 망상과 환각이 있는 조현병 환자에게 Clozapine(클로자핀) 투약 시 혈액검사를 정기적으로 시행하는 이유는 어떤 부작용이 나타날 수 있기 때문인가?

① 추체외로계 증후군
② 무과립구증
③ 고혈압
④ 항콜린성 작용
⑤ 프로락틴 분비

13 입시 준비를 하고 있는 수험생이 시험날짜가 다가오자 초조해하다 왼쪽 팔이 마비되었다. 이때 나타난 방어기전으로 옳은 것은?

① 취소
② 전치
③ 합리화
④ 전환
⑤ 억압

14 28세 여성이 회사 직장동료를 잘 믿지 못하고 동료가 자신을 부당하게 이용하고 속일 것이라 생각하며 동료들과 대화할 때 감정 표현을 잘 하지 않는다. 또한 친구에게도 터놓고 얘기하기를 꺼려하며 화를 잘 내고 유머감각이 없다. 이 대상자에게 해당되는 성격장애 유형은?

① 편집성 성격장애
② 경계성 성격장애
③ 조현성 성격장애
④ 강박성 성격장애
⑤ 반사회성 성격장애

15 신생아에게 나타날 수 있는 피부 증상 중 정상이 아닌 것은?

① 대리석양 피부
② 출생 24시간 내 황달
③ 할리퀸 증상
④ 태지
⑤ 몽고인 반점

16 Erikson의 심리사회적 이론에 따른 학령기 아동의 발달 특성에 대한 내용으로 적절한 것은?

① 어머니와의 애착관계를 통해 신뢰감을 형성한다.
② 부모로부터 독립하려 하며 정체성을 확립하고자 한다.
③ 자율성의 성취과정에서 거부증이 나타난다.
④ 성취욕망이 강하며 과업에서 인정받기를 원한다.
⑤ 옳고 그름을 학습하여 양심이 발달한다.

17 대상자와 치료적 인간관계를 맺기 전 간호사가 가장 먼저 해야 할 일로 옳은 것은?

① 대상자와 함께 간호진단, 간호계획, 목표, 우선순위를 설정한다.
② 대상자에게 간호사 자신을 소개하고 신뢰감을 형성한다.
③ 대상자가 자신의 감정을 표현할 수 있도록 격려한다.
④ 종결에 대한 계획을 수립하고 대상자가 종결을 준비할 수 있도록 한다.
⑤ 간호사 자신의 감정을 탐색하고 자기 자신에 대해 이해한다.

18 면역글로불린에 대한 설명으로 옳지 않은 것은?

① IgG는 태반을 통과하여 태아에게 전달되어 생후 6개월 동안의 면역력을 제공한다.
② IgE는 호염구와 비만세포의 표면에 부착하여 세포로부터 히스타민과 같은 혈관 확장 물질을 분비한다.
③ IgA는 체액에서 분비되며 초유에 풍부하여 모유 수유하는 신생아에게 면역력을 제공한다.
④ IgD는 면역글로불린 중 크기가 가장 크며 면역반응에서 최초로 생성된다.
⑤ IgM은 태반을 통과하지 못하나 모체 혈액항원, 장내균, 바이러스에 반응하여 태아가 스스로 생산한다.

19 분만 후 2도 산도열상으로 회음 봉합한 산모에게 제공할 간호로 적절하지 않은 것은?

① 감염예방을 위해 산모패드를 앞에서 뒤로 착용한다.
② 산모패드를 자주 교환하여 둔부를 건조하게 유지한다.
③ 출혈과 감염징후를 정기적으로 사정한다.
④ 소변을 본 후에 뒤에서 앞으로 닦도록 교육한다.
⑤ 치유 증진을 위해 더운물 좌욕과 건열요법을 적용한다.

20 임신성 고혈압 임부에게 황산마그네슘을 투약하는 이유는 무엇인가?

① 태아 폐 성숙
② 자궁 수축
③ 태반관류 유지
④ 통증 감소
⑤ 경련 예방

21 완경기 여성에게 나타나는 증상으로 옳지 않은 것은?

① 안면홍조
② 질 내 산도 증가
③ 교원질 증가
④ 야간발한
⑤ 골다공증

22 현재 임신 20주인 임산부가 산전관리를 위해 내원하였다. 유산경험이 1회 있고, 29주에 분만한 2세 딸이 1명 있을 때 4자리 숫자체계에 따른 임산부의 산과력으로 옳은 것은?

① 1 - 1 - 1 - 1
② 1 - 0 - 1 - 1
③ 0 - 1 - 0 - 1
④ 0 - 0 - 1 - 0
⑤ 0 - 1 - 1 - 1

23 1mL 바이알에 인슐린(NPH) 80unit이 들어 있다. 환자에게 인슐린(NPH) 20unit를 투여해야 하는 경우에 간호사는 바이알에서 몇 mL를 뽑아야 하는가?

① 0.2mL
② 0.25mL
③ 2.5mL
④ 0.4mL
⑤ 4mL

24 요추 천자 시행 후 6 ~ 12시간 동안 베개를 베지 말고 앙와위로 누워있도록 하는 이유는?

① 경추의 지나친 굴곡 방지
② 두개뇌압의 상승 예방
③ 심한 두통의 발생 예방
④ 뇌척수액의 재생 촉진
⑤ 긴장과 불안감 완화

25 다음 〈보기〉에서 나타난 호흡양상에 대한 설명으로 옳은 것은?

―― 보기 ――

① Kussmaul 호흡이라고 한다.
② 뇌막염이나 심한 뇌손상 시 나타나는 얕은 호흡이다.
③ 당뇨성 케톤산증, 대사성 산독증에서 나타나는 호흡이다.
④ 과일향이 나며 호흡의 깊이와 수가 증가하고 깊고 긴 호흡이다.
⑤ 무호흡주기에 이어 과다호흡주기가 교대로 나타난다.

26 자궁경부암의 조기발견을 위해 시행하는 검사로 자궁경부의 편평원주상피세포 접합부의 세포를 채취하여 현미경으로 형태를 관찰하는 검사는?

① 조직생검
② 경관점액검사
③ 세포진검사
④ 쉴러검사
⑤ 원추절제술

27 감염예방을 위한 표준주의 지침을 올바르게 적용한 것은?

① 흡인을 위해 청결장갑을 착용한 경우에는 장갑을 벗고 손 위생을 하지 않아도 된다.
② 사용한 주사침은 손상예방을 위해 뚜껑을 씌워 의료폐기물에 버린다.
③ 소변배액 주머니를 비울 때 배설물이 손에 묻은 경우 손 소독제로 손 위생을 시행한다.
④ 비전염성질환 환자 처치 시 보안경 착용은 필수이다.
⑤ 췌담도 배액 주머니를 비우기 전 일회용 청결 장갑을 착용한다.

28 사후 간호로 옳지 않은 것은?

① 더러워진 신체부위는 닦아주고 깨끗한 환의로 갈아입힌다.
② 체액이 흘러나올 수 있으므로 둔부 아래에 흡수용 패드를 적용한다.
③ 입이 다물어지도록 둥글게 만 수건을 턱 아래에 적용한다.
④ 사체가 손상될 수 있으므로 사체의 이름표를 제거한다.
⑤ 눈을 곱게 감도록 쓸어내리고 감기지 않을 경우 거즈로 덮는다.

29 부정맥 치료 약물별 특징으로 옳지 않은 것은?

① ClassⅡ는 심박동수를 감소시킨다.
② ClassⅡ는 심근경색 재발 예방을 위해 사용한다.
③ 아데노신은 실온에 보관한다.
④ ClassⅢ는 칼륨차단제로 프로파페논이 있다.
⑤ 바소프레신과 이소프로테레놀 약물을 사용할 수 있다.

30 수혈 직후 환자에게 발열, 오한, 흉통, 호흡곤란이 나타날 경우 가장 우선적으로 수행해야 하는 것은?

① 활력징후를 측정한다.
② 해열진통제를 투약한다.
③ 혈액의 주입속도를 늦춘다.
④ 혈액은행에 보고한다.
⑤ 즉시 수혈을 중단한다.

31 폐렴으로 입원한 65세 여성에게 나타날 수 있는 저산소증의 임상징후는 무엇인가?

① 느리고 깊은 호흡
② 집중력 증가
③ 빠른 맥박
④ 전신홍조
⑤ 동맥혈 내 산소분압 증가

32 왼쪽 하지에 석고붕대를 적용 중인 환자에게 왼쪽 하지 근력과 근 긴장도를 유지시키고 근 위축을 예방하기 위한 운동으로 적절한 것은?

① 능동적 관절범위운동
② 수동적 관절범위운동
③ 등척성 운동
④ 등장성 운동
⑤ 저항운동

33 유치도뇨관 삽입 중인 환자에 대한 간호중재로 옳은 것은?

① 감염위험을 최소화하기 위해 주 1회 회음부 간호를 제공한다.
② 배뇨관 위에 눕거나 배액관이 꼬이지 않도록 적절하게 고정한다.
③ 요로감염을 예방하기 위해 소변을 알칼리화한 식이를 제공한다.
④ 소변주머니를 방광보다 높게 위치하여 역류를 방지한다.
⑤ 소변검사 검체 수집을 위해 배액관을 분리한 후 도뇨관의 소변을 검사용기에 담는다.

34 외과적 무균술이 필요한 경우는?

① 도뇨관 삽입
② 관장
③ 위관영양
④ 구강간호
⑤ 경구투약

35 치료 식이에 대한 설명으로 옳지 않은 것은?

① 저칼륨식이는 신장질환으로 인해 소변에서 칼륨배설이 감소된 대상자에게 제공할 수 있다.
② 연식은 수술 후 회복기 대상자에게 제공되는 식이로 소화가 잘되는 식이이다.
③ 저잔사식이는 장내 내용물을 제거하기 위한 식이로 대장수술 이후에 제공한다.
④ 고섬유질식이는 대변의 부피를 증가시키기 때문에 설사가 심한 대상자에게 제공한다.
⑤ 유동식은 상온에서 액체상태인 음식으로 위장관에 손상이 있는 대상자에게 제공한다.

36 염증의 증상으로 옳지 않은 것은?

① 발열
② 통증
③ 맥박 하강
④ 종창
⑤ 피로감

37 COPD환자에게 고농도의 산소를 투여하지 않는 이유는 무엇인가?

① 고농도의 산소로 비강점막이 건조해져 점막이 손상될 수 있기 때문이다.
② 낮은 이산화탄소 농도가 호흡중추를 자극하여 호흡을 조절하기 때문이다.
③ 고농도의 산소는 망막부종, 망막혈관의 증식을 초래하기 때문이다.
④ 높은 혈중산소농도로 호흡흥분이 사라져 무호흡을 초래하기 때문이다.
⑤ 고농도의 산소는 기흉, 폐렴, 무기폐 발생을 증가시키기 때문이다.

38 항응고제인 와파린과 헤파린에 대한 설명으로 옳지 않은 것은?

① 와파린은 간 내 효소를 억제하여 비타민 K의 활성화를 막는다.
② 헤파린은 항트롬빈을 활성화시켜 응고인자를 억제한다.
③ 와파린은 경구로 복용하고 헤파린은 정맥이나 피하로 투여한다.
④ 와파린은 INR, 헤파린은 aPTT를 통해 약물농도를 확인한다.
⑤ 와파린을 과량으로 투여하였을 경우 프로타민을 투여한다.

39 당뇨병 환자가 밤에 자면서 악몽을 꾸고 식은땀을 흘리며, 다음날 아침에 일어날 때 두통을 호소하였다. 아침 공복 혈당이 220mg/dL이고 케톤뇨가 나타날 때 간호중재로 옳은 것은?

① 자기 전에 운동을 격려한다.
② 성장호르몬을 투여한다.
③ 인슐린 용량을 줄여서 투여한다.
④ 야간에 탄수화물 섭취를 제한한다.
⑤ 항히스타민제를 투약한다.

40 메니에르병 환자의 간호중재로 옳은 것은?

① 베개로 머리양쪽을 지지한다.
② 따뜻한 커피를 마시도록 한다.
③ 병실의 조명을 밝게 유지한다.
④ 큰 목소리로 이야기한다.
⑤ 염분이 많은 식이를 제공한다.

41 얼굴과 목, 가슴, 오른쪽 팔에 걸쳐 2도 화상(36%)을 입은 환자가 응급실에 내원하였다. 이 환자에게 우선적으로 해야 할 간호중재는?

① 정맥으로 수액을 공급한다.
② 균 배양검사 후 항생제를 투여한다.
③ 섭취량과 배설량을 확인한다.
④ 통증 경감을 위해 진통제를 투여한다.
⑤ 기도를 유지하고 산소를 공급한다.

42 양성 전립샘 비대증으로 경요도 전립샘절제술을 받은 환자에 대한 간호중재로 옳지 않은 것은?

① 방광의 경련과 출혈을 예방하기 위해 수술 후 7일 동안 침상안정 한다.
② 매일 2~3L의 수분 섭취를 격려하고 섭취량과 배설량을 정확하게 측정한다.
③ 수술 중 다량의 출혈이 있으며 수술 후 2~3주간은 소변색이 검게 나옴을 교육한다.
④ 유치도뇨관의 풍선에 30~45ml의 증류수를 넣어 전립샘의 출혈부위를 압박한다.
⑤ 유치도뇨관의 3-way를 통해 0.9% 생리식염수로 방광세척을 하여 혈괴의 형성을 예방한다.

43 통풍 치료를 위해 투약하는 약물로 옳지 않은 것은?

① NASIDs
② Aspirin
③ Colchicine
④ Allopurinol
⑤ Probenecid

44 암 환자의 증상관리를 위한 간호중재로 적절하지 않은 것은?

① "골수이식 치료로 빈혈이 유발될 수 있으므로 철분제를 복용하세요."
② "방사선치료 이후에 갑상선 기능이 저하되면 혈액검사를 해야 합니다."
③ "림프부종이 발생하면 팔에 온열팩을 적용하여 혈액순환을 증가시켜야 합니다."
④ "통증이 없다고 건너뛰거나 통증이 심해질 때까지 기다리지 말고 규칙적으로 진통제를 복용하세요."
⑤ "마약성 진통제 복용할 때는 물이나 채소 등을 섭취하여 변비를 예방하세요."

45 황달, 피로감, 오심을 호소하는 환자의 혈청검사 소견이 다음 〈보기〉와 같은 경우 간호중재로 적절한 것은?

― 보기 ―
- HBs Ag(+), HBe Ag(+), Anti－HBc IgM(+)
- AST 325IU/L, ALT 348IU/L

① 고지방, 고단백 식이를 제공한다.
② 신체활동 및 운동을 격려한다.
③ 출혈 증상과 징후를 관찰한다.
④ 사용한 주사침은 뚜껑을 닫아 버린다.
⑤ 건조한 피부상태를 유지한다.

46 급성 호흡곤란 증후군(ARDS) 환자에게서 나타나는 증상으로 옳지 않은 것은?

① 수포음
② 폐포허탈
③ 호흡수 감소
④ 호흡곤란
⑤ 저산소혈증

47 H.pylori 감염으로 인한 소화성궤양의 약물요법 중 양성자펌프 억제제에 해당하는 것은?

① Sucralfate(Carafate)
② Omeprazole(Losec)
③ Nizatidine(Azid)
④ Cimetidine(Tagamet)
⑤ Aluminum hydroxide(Amphojel)

48 천식을 앓고 있는 15세 여학생이 호흡 시 쌕쌕거림, 호흡곤란을 호소하며 응급실에 내원하였다. 가장 먼저 투약해야 하는 약물은?

① 스테로이드
② 항히스타민제
③ 속효성 β_2-agonist
④ 비만세포 안정제
⑤ 류코트리엔 완화제

49 급성 심근경색으로 우측 대퇴동맥을 통해 관상동맥조영술 시행 후 경피적 관상동맥성형술을 받은 환자에게 제공할 간호중재로 적절하지 않은 것은?

① 조영제의 배출을 돕기 위해 수분 섭취를 권장한다.
② 우측 족배동맥을 촉진하여 혈전 위험성을 사정한다.
③ 출혈예방을 위해 항응고제나 혈전용해제 투약을 금한다.
④ 시술 후 6시간 동안은 우측다리를 펴고 침상안정을 취한다.
⑤ 삽입부위의 출혈을 관찰하고 모래주머니로 20분간 압박한다.

50 심근경색증 환자가 Adams – stokes 증후군이 나타나 심한 현기증을 호소하며 실신하였다. 이 환자의 심전도 결과가 다음 〈보기〉와 같을 때 간호중재로 적절한 것은?

---- 보기 ----
- 심방과 심실이 각기 독립적으로 수축
- 심실 수축 수 : 20 ~ 40회/분
- P파 : 정상이며 규칙적
- QRS파 : 넓고 비정상적인 모양

① 제세동을 시행한다.
② 심장리듬전환술을 시행한다.
③ Atropine을 정맥 투여한다.
④ 인공심박동기를 삽입한다.
⑤ 경동맥 마사지를 시행한다.

제1회 정답 및 해설
제2회 정답 및 해설
제3회 정답 및 해설
제4회 정답 및 해설
제5회 정답 및 해설

PART 02

정답 및 해설

제 01 회 정답 및 해설

1	2	3	4	5	6	7	8	9	10
①	④	③	①	④	①	②	①	③	①
11	12	13	14	15	16	17	18	19	20
②	③	③	④	③	③	③	③	②	③
21	22	23	24	25	26	27	28	29	30
⑤	③	⑤	④	③	③	④	②	③	⑤
31	32	33	34	35	36	37	38	39	40
③	①	②	④	③	④	③	③	②	①
41	42	43	44	45	46	47	48	49	50
⑤	④	①	③	③	②	②	②	③	③

1

과목	성인간호학	난이도	●○○	정답	①

① 급속 이동증후군을 예방하기 위해서 음식물의 양을 줄이고 고지방, 고단백, 저탄수화물 식이를 섭취한다. 급속 이동증후군의 후기 증상인 식은땀, 떨림, 빈맥, 정신 혼미는 식후 90분 ~ 3시간 사이에 일어나는데, 고탄수화물 음식의 경우 공장으로 빨리 들어가서 혈당과 인슐린 수치를 올린다.
② 반좌위 자세로 식사하고 음식물이 빠르게 내려가는 것을 막기 위해 식후에는 누워 있는 것이 좋다.
③ 음식물 배출 속도를 지연시키기 위해 식전 1시간에서 식후 2시간 동안에는 수분 섭취를 제한한다.
④ 음식물의 양을 줄이고 국물이 많은 음식은 소화가 빠르게 되므로 피한다.
⑤ 위에 무리가 가지 않도록 유동식에서 연식, 일반식으로 가는 단계적인 식사를 하도록 한다.

2

과목	성인간호학	난이도	●●●	정답	④

① 1초 동안 노력성 호기량(FEV1)
② 1회 호흡량(TV)
③ 잔기량(RV)
⑤ 흡기량(IC)

| 3 | 과목 | 성인간호학 | 난이도 | ●●● | 정답 | ③ |

급성 신부전은 BUN과 혈청크레아티닌이 상승한다.

✏️ PLUS TIP 급성 신부전

급성 신부전은 신기능이 수 시간에서 수일에 걸쳐 빠르게 감소되어 질소혈증과 수분-전해질 불균형이 나타나는 것을 말한다. 급성신부전의 가장 흔한 원인은 허혈과 신장독성물질인데, 혈액이 신장을 통과하기 때문에 신장은 이 두 가지 인자에 대해 특히 취약하다. 혈액의 압력이나 혈량의 감소는 신장조직 허혈의 원인이 된다. 그리고 혈중의 신장독성물질은 신장조직을 직접적으로 손상시킨다.

| 4 | 과목 | 성인간호학 | 난이도 | ●●● | 정답 | ① |

② 알도스테론 : 수분과 전해질의 균형유지를 하고 혈청 내 나트륨이 증가하고 칼륨을 배설한다.
③ 칼시토닌 : 부갑상샘호르몬과 길항작용을 한다.
④ 항이뇨호르몬(ADH, vasopressin) : 신장집합관의 수분 재흡수 증가를 통해 삼투를 조절한다.
⑤ 부신피질자극호르몬(ACTH) : 증가하면 쿠싱증후군이 발생하고, 감소하면 에디슨병이 발생한다.

| 5 | 과목 | 병태생리학 | 난이도 | ●●○ | 정답 | ④ |

부적합한 혈액을 수혈 받았을 경우 나타나는 과민반응은 항원, 항체 반응에 대한 것으로 제2형 과민반응이다. 제3형 과민반응은 항원항체 복합체가 보체계를 활성화함으로써 조직손상을 일으켜 나타나는 반응이다. 보체계란 항체와 대식세포의 기능을 촉진시키며 염증반응을 증진하거나 병원체의 세포막을 공격하는 기능을 하는 면역 체계의 일부분이다.

| 6 | 과목 | 병태생리학 | 난이도 | ●●● | 정답 | ① |

체액의 삼투 농도가 증가하면 시상하부의 삼투농도 감수기에서 이를 감지한다. 갈증중추가 자극되면 물을 섭취하게 되고, 뇌하수체 후엽에서 항이뇨호르몬 분비가 증가하면 원위세뇨관과 집합관에서 물이 재흡수가 되면서 소변이 농축된다. 두 가지 과정을 거쳐 체액에는 물이 더해져 삼투 농도가 정상으로 회복된다.

7

| 과목 | 지역사회간호학 | 난이도 | ●●○ | 정답 | ② |

인구통계는 인구에 관한 여러 통계로 출생, 사망, 유입, 유출의 4개 요인에 의해 영향을 받는다.

8

| 과목 | 아동간호학 | 난이도 | ●●○ | 정답 | ① |

①② 저혈량 쇼크의 증상에는 건조한 점막, 천문 함몰, 차갑고 축축한 피부, 핍뇨, 피부 탄력 저하 등이 있다.
③ 패혈성 쇼크 초기에는 혈관 이완, 따뜻한 사지, 빈맥, 빈호흡 등의 증상이 있다. 후기에는 빠르고 약한 맥박, 청색증, 차갑고 축축한 피부, 핍뇨, 무뇨, 자반성 피부가 나타난다.
④⑤ 심인성 쇼크에는 간 비대, 심 비대, 중심정맥압 증가, 안와 주위 부종, 악설음, 발한, 핍뇨 등이 있다.

9

| 과목 | 간호관리학 | 난이도 | ●●○ | 정답 | ③ |

① 전인 간호 : 한 명의 간호사가 한 명의 환자를 돌보는 것으로 중환자, 격리 된 환자 간호 시 활용한다.
② 팀 간호 방법 : 보조 인력을 활용하며 팀장의 지휘로 그룹 활동을 통해 간호를 제공하는 방법이다.
④ 일차 간호 방법 : 환자가 입원해서 퇴원할 때까지 간호를 계획하고 수행 및 평가하는 것이다.
⑤ 모듈방법 : 일차 간호 방법과 팀 간호 방법을 결합한 것이다.

10

| 과목 | 성인간호학 | 난이도 | ●○○ | 정답 | ① |

유방암의 호르몬 요인으로 12세 이전의 조기 초경, 55세 이후의 늦은 완경, 경구 피임약, 30세 이후의 초산, 자궁내막증, 난소암, 양성 유방질환, 모유 수유를 전혀 하지 않은 경우가 있다. 다른 요인으로는 유방암 가족력, 비만, 알코올의 과다섭취, 야간교대근무, 연령(65세 이상)이 있다.

11

| 과목 | 여성간호학 | 난이도 | ●●● | 정답 | ② |

정중선 회음절개법은 봉합이 용이하며 치유가 잘되고 성교통의 속발이 드물다. 실혈량이 적고 절개 부위의 해부학적 접합이 양호하다.

> **PLUSTIP 절개법**
> ⊙ 회음절개술 : 출산을 촉진하기 위하여 회음을 절개하는 시술이다. 회음절개 가위는 날이 날카롭지만 끝이 무딘 가위를 사용하고 아두가 하강하여 외음 사이에 아두가 보일 때 시행하는 것이 좋다.
> ⓒ 정사경 회음절개법 : 정중선 회음절개법에 비해 출혈이 많으며, 치유가 잘 안되고 통증이 심하다.
> ⓒ 측방 회음절개법 : 성교통이 간혹 있으며 출혈이 많고 치유가 안 되는 경우가 흔하여 이용률이 낮다. 약 10% 정도에서 절개부위에 해부학적 접합이 불량하다.

| 12 | 과목 | 여성간호학 | 난이도 | ●●○ | 정답 | ③ |

HIV는 AIDS를 일으키는 원인 바이러스이다. 자궁경부암의 원인 바이러스는 인유두종 바이러스(HPV)이다. 인유두종 바이러스(HPV)에 대한 항체 생성을 위해 자궁경부암 예방 백신을 접종하면 70 ~ 90% 예방할 수 있다.

| 13 | 과목 | 간호관리학 | 난이도 | ●●○ | 정답 | ③ |

③ 적신호사건 : 위해사건 중에서 의료 환자에게 장기적이고 심각한 위해를 가져온 사건이다.
① 근접오류 : 의료오류가 발생하여 환자에 대한 위해의 가능성이 있을 수 있었지만, 우연, 예방, 완화조치 등에 의해 환자에게 위해가 발생하지 않은 사건이다.
② 위해사건 : 의료 환자에게 위해를 가져온 사건이다.
④ 의료과오 : 표준 진료를 수행하지 못해 환자에게 손상을 유발하여 과실로 인정된 것이다.
⑤ 의료오류 : 현재의 의학적 지식수준에서 예방 가능한 위해사건 혹은 근접오류를 총칭한다.

| 14 | 과목 | 정신간호학 | 난이도 | ●●○ | 정답 | ④ |

① 도파민 : 흥분성에 관여하며 증가하면 조현병, 조증을 유발하고, 감소하면 우울증, 파킨슨 질환을 유발한다.
② 세로토닌 : 수면과 각성상태, 섬망 등에 관여한다. 증가하면 조현병 음성증상, 불안, 조증 등을 유발하고 감소하면 우울, 공격성, 자살 등을 유발한다.
③ 노어에피네프린 : 자율신경계 반응, 기분조절에 관여한다. 증가하면 조현병, 감소하면 우울증을 유발한다.
⑤ 엔돌핀 : 스트레스에 대한 저항, 통증 조절, 기분 조절 등에 관여한다.

| 15 | 과목 | 간호관리학 | 난이도 | ●●○ | 정답 | ③ |

㉠㉢은 관리자에 대한 설명이다.

✏️ PLUS TIP 관리자와 리더

관리자는 공식적 조직 내의 지위와 책임을 가진 합법적 권력이다. 책임감을 가지며 질서와 안정성을 유지한다. 수직적 관점으로 목표달성을 위해 계획을 세우며 현재 상태를 수용한다. 리더는 위임된 권한은 없지만 다른 의미의 권력을 가진다. 단호하게 행동하며 사람, 집단의 과정, 피드백, 임파워먼트에 초점을 둔다.

| 16 | 과목 | 기본간호학 | 난이도 | ●●● | 정답 | ③ |

③ 협상: 자신의 죽음을 나쁜 행동의 대가라고 생각하며 기부 또는 봉사활동을 통해 죽음을 연기시키려는 단계이다.
① 부정: 죽음을 부정하며 현실을 받아들이지 않는 단계이다.
② 분노: 내가 왜 죽어야 하는가에 대한 생각을 하며, 주의 사람들에게 적개심을 가지고 폭언을 할 수 있는 단계이다.
④ 우울: 죽음을 부정하지 않으며 극도의 우울감을 나타내는 단계이다.
⑤ 수용: 자신의 죽음에 관해 더 이상 분노하거나 우울해하지 않는 단계이다.

| 17 | 과목 | 성인간호학 | 난이도 | ●●● | 정답 | ③ |

등척성 운동은 근육의 길이는 단축되지 않으면서 근육의 긴장은 증가하는 운동이다. 환자의 근육 강도와 정맥의 귀환을 유지하기 위해 실시한다.

| 18 | 과목 | 기본간호학 | 난이도 | ●●○ | 정답 | ③ |

①②④⑤는 수면을 각성시키는 호르몬이다.

PLUS TIP 멜라토닌

수면을 증진시키는 호르몬인 멜라토닌은 뇌에서 생성되는 신경호르몬으로 일주기 리듬을 조절하고 수면을 촉진한다. 그 외, 벤조다이아제핀 수용체 작용제 약물(zolpidem)은 수면 전 시간을 감소하고 전체 수면시간을 증가시키며 적은 부작용으로 노인들의 수면제로 많이 사용된다. Ramelton(Rozerem)은 수면의 유지가 아니라 수면 개시를 촉진하기 위해서 처방되고, 장기간 사용하며 멜라토닌 수용체를 활성화한다.

| 19 | 과목 | 성인간호학 | 난이도 | ●○○ | 정답 | ② |

화상에 유의하며 미지근한 물로 발을 자주 씻어 청결을 유지한다. 발이 습하면 세균 감염의 위험이 있으므로 발가락 사이까지 신경 써서 잘 말려준다. 건조한 것도 좋지 않으므로 보습 크림을 발라준다. 매일 발을 관찰하며 상처, 티눈, 발톱의 상태, 발가락과 발의 색 등을 점검한다. 굳은살이나 티눈은 절대 혼자 제거하지 않고 병원에 방문한다.

| 20 | 과목 | 성인간호학 | 난이도 | ●○○ | 정답 | ③ |

림프부종을 예방하기 위해 수술 후 초기에 팔운동을 격려하고 수술한 쪽으로 눕는 자세를 피하고 팔을 심장위치 정도로 올려주어 림프배액을 증진시킨다. 림프부종이 발생하면 탄력 붕대나 압박 의복의 착용, 마사지 등으로 치료할 수 있다.

| 21 | 과목 | 성인간호학 | 난이도 | ●●○ | 정답 | ⑤ |

호흡성 산증의 정상 수치는 $PaCO_2$ 45mmHg 이상이며, 호흡성 알칼리증의 정상수치가 $PaCO_2$ 35mmHg 이하이다.

💡PLUS TIP 동맥혈액가스분석 정상수치

㉠ 호흡성 산증 : pH 7.35 이하, $PaCO_2$ 45mmHg 이상이며 대부분 과소환기에 의해 발생한다. 두통, 흐린 시야, 빈맥, 의식저하, 과다환기 등과 같은 증상이 나타나며, 산소공급, 기관지확장제 등의 치료가 필요하다.

㉡ 호흡성 알칼리증 : pH 7.45 이상, $PaCO_2$ 35mmHg 이하이며 가장 흔한 원인은 호흡이 짧아지는 경우로 폐렴, 천식, 폐부종과 같이 폐 질환에서 나타나는 저산소혈증이다. 치료에는 배출된 이산화탄소 재호흡, 안정 취하기가 있다.

㉢ 대사성 산증 : pH 7.35 이하, HCO_3^- 22mEq/L 이하이며 젖산산증, 당뇨성 케톤산증, 신부전 등이 원인이다. 치료는 중탄산 나트륨 투여 또는 수분전해질 교정이 있다.

㉣ 대사성 알칼리증 : pH 7.45 이상, HCO_3^- 26mEq/L 이상이며 이뇨제 사용으로 인한 저칼륨혈증, 구토, 위 흡인 등이 원인이다. 기면, 혼돈, 부정맥 등의 증상이 나타난다.

| 22 | 과목 | 기본간호학 | 난이도 | ●●○ | 정답 | ③ |

③ 혈액 응고가 적절한지 평가하기 위해 PT/INR 수치를 모니터한다.
① 변비 예방을 위해 섬유소 섭취를 격려한다.
② 월경량이 증가하는 것은 출혈의 징후일 수 있다.
④ INR 수치가 높은 경우 비타민 K를 투여하기도 한다.
⑤ 출혈 경향을 증가시키는 항응고제는 사용을 제한한다.

| 23 | 과목 | 기본간호학 | 난이도 | ●●○ | 정답 | ⑤ |

① 상부 기도 폐쇄
② 장기적인 기계호흡 필요시
③ 기관 내 삽관의 기간이 길어지는 경우
④ 전신 마취 시 기계적 호흡이 필요한 경우에는 기관 내 삽관 시행

| 24 | 과목 | 여성건강간호학 | 난이도 | ●●● | 정답 | ④ |

IgG는 임신 3기에 태반을 통과하는 면역글로불린으로 태아가 수동면역을 갖게 한다.

✏️Plus Tip 태반의 기능

태반은 동화와 이화기능 외에도 태아의 폐, 신장, 위, 장, 내분비샘의 작용을 하고 특정약물이나 미생물과 같은 해로운 요소에 대한 방어 역할을 한다. 임부가 옆으로 누웠을 때 모체와 태아에게 최적의 순환이 가능하며 앙와위로 있으면 임신 말기 동안 자궁이 하대정맥을 압박하여 자궁과 하지에서 정맥혈이 하대정맥으로 유입되는 것을 방해한다.

| 25 | 과목 | 병태생리학 | 난이도 | ●●○ | 정답 | ③ |

헤파린은 동물 조직에서 추출한 것으로 실험용이나 치료용으로 많이 사용된다.

✏️Plus Tip 항응고제 종류

㉠ 헤파린: 혈액 응고 시간을 연장 해 혈관 내 과도한 응고를 방지한다. 심부정맥 혈전증, 폐색전증, 협심증, 혈전증 치료를 위해 사용한다. 효과를 나타내기까지 1시간 정도가 소요되며 반감기가 짧다. 헤파린은 정맥주사를 통해 투여한다.
㉡ 비타민 K 길항제: 대표적으로 와파린이 있다. 혈액 응고에 필요한 물질인 비타민 K의 활동을 억제 시킨다. 헤파린과 달리 항응고 작용의 최대 시간이 며칠간 지속된다. 뇌졸중, 심근경색, 인공판막 환자의 폐색전증을 예방하기 위해 투여하며, 경구로만 투여한다.

| 26 | 과목 | 기본간호학 | 난이도 | ●○○ | 정답 | ③ |

① 2 ~ 3시간마다 체위를 변경해주며, 체위 변경 시 끌지 않고 들어올린다.
② 링 모양 쿠션을 압력을 증가시키므로 사용을 금한다.
④ 욕창 발생 전에 마사지로 예방할 수 있으나 발생 전·후 모두 뼈 돌출 부위에는 마사지하지 않는다.
⑤ 건조한 피부를 유지해야 한다.

| 27 | 과목 | 기본간호학 | 난이도 | ●○○ | 정답 | ④ |

피부는 자외선에 의한 비타민 D 합성을 도우며, 이는 칼슘과 인의 흡수를 도와 뼈를 단단하게 한다.

| 28 | 과목 | 성인간호학 | 난이도 | ●●○ | 정답 | ② |

② 수혈 시작 첫 1시간 동안은 15분마다 활력징후를 측정하고, 1시간 후부터 수혈이 끝날 때 까진 30분 간격으로 측정한다.
① 혈액형, 혈액 종류, 혈액 번호, 환자 정보의 일치여부 등을 2명의 간호사가 확인한다.
③ 적혈구는 점도가 진하며 적혈구의 크기를 고려해 18G ~ 20G 혈관 카테터로 수혈을 진행한다.
④ 전혈, 적혈구, 신선냉동혈장은 1 ~ 6도에서 냉장 보관하고 혈장과 혈소판은 실온 보관한다. 냉장상태에서 실온으로 반출된 혈액이 20분 이상 지나면 혈액에 변화가 있을 위험이 있어 폐기한다.
⑤ dextrose 용액은 적혈구 용혈을 초래할 수 있어 수혈 시 같이 사용하면 안 된다.

| 29 | 과목 | 기본간호학 | 난이도 | ●○○ | 정답 | ③ |

냉요법이 조직대사를 감소시켜 염증 반응 또한 감소시킨다.

| 30 | 과목 | 성인간호학 | 난이도 | ●●○ | 정답 | ⑤ |

① 일과성 허혈성 발작 : 일시적이고 국소적인 뇌 허혈에 의해 생긴 갑작스럽고 짧은 신경학적 기능부전이다.
② 뇌혈관 연축 : 지주막하출혈 이후 지주막하공간에 있는 혈관들이 수축을 일으켜 허혈성 신경학적 장애를 일으키는 것이다.
③ 뇌동맥류 : 뇌혈관의 국소부위가 주머니 모양으로 팽창된 것으로 약해진 혈관이 파열되어 뇌실질 내 출혈과 지주막하출혈이 초래된다.
④ 동정맥 기형 : 모세혈관에 선천성 결손이 있는 혈관병변이다.

| 31 | 과목 | 기본간호학 | 난이도 | ●○○ | 정답 | ③ |

① 편평음 – 대퇴부
② 둔탁음 – 간
④ 과도공명음 – 만성폐쇄성폐질환
⑤ 고음 – 공기가 가득 찬 위

| 32 | 과목 | 아동간호학 | 난이도 | ●○○ | 정답 | ① |

② 모로반사 : 갑작스러운 충격이나 평형의 변화로 사지가 갑작스럽게 외전하며 뻗치고 손가락이 펼쳐지며, 그 후 사지가 굴곡 되고 내전되는 반사이다.
③ 긴장성 경반사 : 신생아의 머리를 한쪽으로 돌리면, 그쪽의 팔과 다리는 신전되고 반대쪽은 굴곡 되는 반사이다.
④ 페레즈 반사 : 신생아를 딱딱한 면에 엎어 누인 채 엄지손가락으로 천골에서 목까지 척추를 따라 누르면 울음, 사지 굴곡, 골반과 머리를 들어 올리는 반사이다.
⑤ 파악반사 : 손가락과 발가락을 건드리면 손과 발바닥을 오므리는 반사이다.

| 33 | 과목 | 아동간호학 | 난이도 | ●●● | 정답 | ② |

팔로4 징후는 청색증형 선천성 심장병 중 가장 흔한 것으로 폐동맥 협착, 심실중격 결손, 대동맥우위, 우심실 비대로 구성되는 네 가지 해부학적 특징을 갖는 질환이다.

| 34 | 과목 | 기본간호학 | 난이도 | ●○○ | 정답 | ④ |

① 운반차에 이송 시 안전을 위해 적용하는 것은 벨트 억제대이다.
② 피부 질환이 있는 경우 긁는 행위를 방지하기 위해 적용하는 것은 장갑 억제대이다.
③ 신체에 삽입되어 있는 기구나 드레싱을 보호하기 위한 것은 장갑 억제대 및 사지 억제대이다.
⑤ 휠체어에 앉아 있는 동안 억제해야 하는 경우에는 자켓 억제대를 사용한다.

| 35 | 과목 | 여성건강간호학 | 난이도 | ●●○ | 정답 | ③ |

젖샘 발육에 관여하는 호르몬은 에스트로겐, 프로게스테론, 인슐린, 코르티솔, 프로락틴, 성장호르몬, 태반락토젠 등이 있다.

| 36 | 과목 | 여성건강간호학 | 난이도 | ●●○ | 정답 | ④ |

④ 에스트로겐이 결핍되어 골형성을 억제하고 골흡수를 촉진해 골 소실이 가속화 된다.
① 50세 전후에 자연적으로 월경이 끝나는 것을 생리적 완경, 40세 이전에 월경이 끝나는 것을 조기 완경이라고 한다.
② 완경기 증상 중 가장 먼저 나타나는 증상은 안면 홍조이다.
③ 완경이 되면 뇌하수체의 난포자극 호르몬(FSH)은 증가하고, 황체화 호르몬(LH)은 저하된다.
⑤ 질 내부의 pH가 산성에서 알칼리성으로 증가한다.

| 37 | 과목 | 아동간호학 | 난이도 | ●○○ | 정답 | ③ |

APGAR는 신생아가 태어나면 아기의 상태를 평가하는 신생아 초기 사정 도구이다. 심박동, 호흡 능력, 반사 능력, 근육 긴장도, 피부색 5가지를 사정하며 출생 후 1분, 5분 2번 사정한다.

| 38 | 과목 | 지역사회간호학 | 난이도 | ●●○ | 정답 | ③ |

① 유기용제 중독
②④ 중금속 중독
⑤ 직업성 암 유발

| 39 | 과목 | 기본간호학 | 난이도 | ●○○ | 정답 | ② |

① 출혈 - 혈압 저하
③ 고칼륨식이 - 혈압 저하
④ 교감신경계 흥분 - 혈압 상승
⑤ 외부 열에 노출 - 혈압 저하

| 40 | 과목 | 정신건강간호학 | 난이도 | ●●○ | 정답 | ① |

② 이인성 장애 : 자신이 자신의 실제 모습으로부터 떨어져 있다는 느낌이며, 마치 꿈속에 살고 있다고 느낀다.
③ 해리성 기억상실 : 특별하고 중요한 시기의 것을 기억하지 못하는 상태이다.
④ 해리성 둔주 : 자신의 과거나 자기 신분 및 정체성에 대한 기억을 상실하는 것이다.
⑤ 해리성 혼미 : 사회적 또는 심리적 원인으로 장시간 동안 꼼짝 않고 누워 있거나 말하기나 의도적인 동작이 거의 없는 상태이다.

| 41 | 과목 | 기본간호학 | 난이도 | ●●○ | 정답 | ⑤ |

호흡 기능을 증진하고 폐의 환기량을 증가시키기 위해 심호흡 및 기침을 격려한다.

| 42 | 과목 | 지역사회간호학 | 난이도 | ●●○ | 정답 | ④ |

① 제1단계(고위 정지기) : 후진국형으로 출생률과 사망률이 모두 높은 인구 정지기이다.
② 제2단계(초기 확장기) : 경제 개발 초기 단계 국가로 사망률은 낮은데 출생률은 높은 인구 증가 단계이다.
③ 제3단계(후기 확장기) : 경제발전국가 단계로 사망률은 거의 없으며 출생률도 감소하여 인구 성장이 둔화되는 단계이다.
⑤ 제5단계(감퇴기) : 출생률이 사망률보다 낮은 인구 감소 단계이다.

| 43 | 과목 | 지역사회간호학 | 난이도 | ●●● | 정답 | ① |

국민의 최저 생활을 보장하고 자립을 지원하는 제도는 사회보장제도이다.

우리나라의 의료보장제도

우리나라의 의료보장제도는 사회보험의 일종인 국민건강보험과 공공부조인 의료급여로 구성되어 있다.
㉠ 국민건강보험 : 일상생활의 우연한 질병, 부상 등으로 인해 일시에 국민이 과중한 경제적 부담을 지게 되는 경우 그 부담을 경감시켜 주는 제도이다. 평소에 보험료를 내면 기금으로 하였다가 사고가 발생할 경우 보험급여를 해줌으로써 국민 상호 간 위험을 분담하고 의료서비스를 제공하는 제도이다. 법률에 의해 강제 가입, 납부될 수 있으며, 부담능력에 따라 차등 부담 된다. 적용 대상은 의료 급여 대상자를 제외한 국민(직장가입자, 지역가입자)이다.
㉡ 공공부조 : 국가 및 지방자치단체의 책임 하에 생활 유지 능력이 없거나 생활이 어려운 국민의 최저 생활을 보장하고 자립은 지원하는 제도이다. 소득 및 의료를 보장해 주는 제도로 기초생활 보장, 의료 급여를 지원해준다.

| 44 | 과목 | 간호관리학 | 난이도 | ●○○ | 정답 | ③ |

높은 직위를 얻으려는 욕구는 권력욕구이다.

성취욕구(need for achievement)

무엇을 이뤄내고 싶은 욕구로서 어떤 문제를 혼자서 해결해 보려고 하거나 장애를 극복하여 목표를 달성하려는 욕구, 다른 사람과 경쟁하여 능가하려는 욕구, 자신의 능력을 유감없이 발휘하여 자신의 가치를 높이려는 욕구이다.

| 45 | 과목 | 정신간호학 | 난이도 | ●●○ | 정답 | ③ |

① 분열성 인격 장애 : 대인관계 형성 능력에 심각한 문제가 있는 것을 말한다.
② 분열형 인격 장애 : 망상이나 환각 없이 이상한 행동, 사고, 대인 관계 장애 등을 보이는 것을 말한다.
④ 반사회적 인격 장애 : 사회 규범을 무시하고 지속해서 반사회, 범죄 행위를 저지르는 것을 말한다.
⑤ 히스테리성 인격 장애 : 타인의 관심을 끌기 위해 과장된 행동을 보이나 실제로는 깊은 인간관계를 맺지 못한다.

| 46 | 과목 | 정신건강간호학 | 난이도 | ●●● | 정답 | ② |

① 부정 : 현재 상태를 무시하는 것으로 불쾌한 현실에서 도피하고자 할 때 나타난다.
③ 왜곡 : 내적 요구에 맞춰 외부 현실을 변형시키는 것으로 망상적 우월감 등이 있다.
④ 해리 : 정서적 갈등이나 스트레스 요인을 피하고자 개인의 성격이나 정체감을 일시적으로 변경하는 것이다.
⑤ 합리화 : 용납될 수 없는 감정, 사고, 행동에 대한 이유나 변명으로 개인의 행동을 정당화하는 것이다.

| 47 | 과목 | 성인간호학 | 난이도 | ●●○ | 정답 | ② |

고관절염은 국소적 관절에 점진적인 관절 연골의 소실 및 이차적 변화와 증상을 동반하는 만성적인 비염증성 질환으로 노인에게 자주 호발한다.

| 48 | 과목 | 간호관리학 | 난이도 | ●●○ | 정답 | ② |

개인 간 갈등 원인 중 개인적인 요인은 상반된 가치관, 지나친 기대, 미해결된 갈등 등이 있고, 업무적 요인에는 공동 책임의 업무, 무리한 업무 마감, 시간적 압박, 중복된 업무 등이 있으며, 조직적 원인에는 제한된 자원, 의사소통의 결핍, 조직계층의 복잡성, 산만한 의사결정 등이 있다.

| 49 | 과목 | 성인간호학 | 난이도 | ●●○ | 정답 | ③ |

월경기 여성들은 유방이 가장 부드러워 지는 시기인 월경이 끝난 후 5 ~ 7일 이내에 시행하는 것이 적절하다. 유방 자가검진 교육은 매월 월경이 끝난 직후 5 ~ 7일 사이 유방이 가장 부드러울 때 시행한다(완경 후에는 매월 일정 일을 정해서, 피임약을 복용하는 경우에는 새로 복용을 시작하는 날짜에 시행한다).

PLUS TIP 유방암 자가검진 방법

㉠ 거울 앞에서 유방을 본다.
㉡ 차렷 자세, 두 팔을 위로 올린 자세, 두 손을 허리에 대고 앞으로 숙인 자세를 차례대로 시행하여 유방과 유두의 대칭성 및 피부 상태 등을 관찰한다.
㉢ 똑바로 누워 왼쪽 또는 오른쪽 어깨와 등 아래에 두꺼운 수건이나 베개를 받치고 왼손 또는 오른손을 머리 뒤에 괸다.
㉣ 반대편 가운데 세 손가락으로 유방조직을 부드럽게 둥글리는 모양으로 촉진한다.
㉤ 양쪽을 완전히 체계적으로 해야 한다.

| 50 | 과목 | 간호관리학 | 난이도 | ●●○ | 정답 | ③ |

물품은 병원 내에서 소비되는 모든 유형의 자산을 의미한다. 병원 예산 중에서 40% 이상을 차지하고 인건비 다음으로 예산의 비중이 크다. 간호사는 병원의 물품을 자주 사용하므로 일선 간호사의 관심이 중요하고, 이것은 질적인 간호 제공에 도움이 된다.

제 02 회 정답 및 해설

1	2	3	4	5	6	7	8	9	10
②	①	④	②	⑤	①	③	③	②	②
11	12	13	14	15	16	17	18	19	20
③	④	⑤	③	①	⑤	②	③	⑤	④
21	22	23	24	25	26	27	28	29	30
③	①	②	②	①	②	①	①	①	③
31	32	33	34	35	36	37	38	39	40
③	①	①	⑤	⑤	①	①	②	⑤	⑤
41	42	43	44	45	46	47	48	49	50
③	②	①	⑤	②	⑤	①	③	②	②

1

| 과목 | 간호관리학 | 난이도 | ●○○ | 정답 | ② |

① 연공주의: 오랜 시간 근속한 기간을 공로로 삼아서 승진의 기준으로 하는 것이다.
③ 균형주의: 개인뿐만 아니라 조직 전체의 적재적소를 평등하게 고려하여 개인과 조직의 조화를 도모하는 것이다.
④ 실력주의: 능력을 발휘할 수 있는 영역에 배치하고 그에 따른 만족할 수 있는 대우를 제공하여 개인의 성장을 도모하는 것이다.
⑤ 인재육성주의: 자기 육성의 욕구를 개발할 수 있는 곳에 배치하는 것이다.

2

| 과목 | 간호관리학 | 난이도 | ●●● | 정답 | ① |

① 적신호사건: 환자 안전 사건 중 의료 대상자에게 심각하고 영구적인 손상을 가져온 사건이다.
② 근접오류: 의료오류 발생으로 의료 대상자에게 위해의 가능성이 있을 수 있지만 즉각적 중재에 의해 손상이 발생하지 않은 것 또는 예방된 경우를 의미한다.
③ 주의의무태만: 업무능력이 있는 사람이 주의의무를 다하지 않아 손해를 입히는 것이다.
④ 스위스 치즈모형: 스위스 치즈의 층은 치즈 구멍들이 일렬로 배열되는 경우 사고가 발생한다는 개념이다. 즉, 여러 잠재적 사고 원인이 동시에 작용하여 사고가 발생한다는 것이다.
⑤ 하인리히 법칙: 대형 사고는 우연히 발생하는 것이 아니라 사고가 발생하기 전 수많은 사고의 전조징후들이 반복해서 나타난 후 발생한다는 법칙이다.

| 3 | 과목 | 성인간호학 | 난이도 | ●●○ | 정답 | ④ |

강산(변기 세척제, 금속 세척제, 녹 제거제 등), 강알칼리(잿물, 표백제, 건전지, 하수구 세척제 등)를 섭취한 경우 구토를 유발하지 않는다. 강산이나 강알칼리 물질 섭취 후 구토를 유발하면 식도, 위, 장과 같은 소화기계의 천공 및 손상위험이 있다.

| 4 | 과목 | 성인간호학 | 난이도 | ●●● | 정답 | ② |

② 갑상선중독증 증상은 빈맥, 체중 감소, 심계항진, 감정기복 등이 있다.
④ 침을 빠르게 배출하기 위한 것이다.
⑤ 갑상선 수술 후에 손상된 부갑상선으로 인해서 저칼슘혈증이 발생한 것이다. 손발 끝이 저리거나, 입 주위가 얼얼하거나, 근육마비, 경련, 기운이 없는 증상 등이 있다. 일반적으로 기능저하증은 회복되는 편이지만, 1~2% 가량이 부갑상선기능저하증이 지속되는데 이때에는 칼슘제와 비타민 D를 평생 복용해야 한다.

| 5 | 과목 | 병태생리학 | 난이도 | ●●● | 정답 | ⑤ |

⑤ 대장에서 urobilinogen은 산화하여 stercobilin이 되고 대변색은 갈색을 띠게 된다. 담도계에 이상이 있는 경우 산화하지 못한 urobilinogen으로 인해 대변색은 점토색을 띠게 된다.
①② 비장에서 혈색소가 파괴되어 비결합 또는 간접 빌리루빈으로 분리되고 문맥과 비장정맥을 통해 간으로 이동한다. 간에서 비결합 또는 간접 빌리루빈이 글루쿠론산과 결합하여 직접 또는 결합 빌리루빈으로 변하고 담즙으로 분비된다.
③④ 결합빌리루빈은 장내 세균에 의해 urobilinogen형태로 일부는 대변으로 배설되고 일부는 장으로 재흡수 된다. 재흡수 된 urobilinogen 중에 일부는 담즙으로 분비되고 일부는 신장으로 배설된다.

| 6 | 과목 | 성인간호학 | 난이도 | ●○○ | 정답 | ① |

강화폐활량계는 수술 후 무기폐와 같은 폐 합병증을 예방하기 위해 사용한다. 수술 전 환자에게 교육하여 최대 흡입량을 확인하고 목표량을 설정해 수술 후 반복하여 사용하도록 한다. 강화폐활량계는 좌위 또는 반좌위에서 숨을 최대한 내쉰 후 호스를 입에 물고 최대한 깊게 숨을 들이마셔 공이 올라오도록 한다. 공이 올라오면 3~5초 유지 후 호기를 하도록 하며 1시간에 10분씩 5~10회 반복하여 사용하도록 교육한다.

| 7 | 과목 | 병태생리학 | 난이도 | ●●○ | 정답 | ③ |

③ 칼슘과 비타민 D의 섭취가 부족하면 부갑상샘호르몬 분비가 증가한다. 부갑상샘호르몬은 파골작용을 증가시키고 골형성을 억제하여 뼈에서 혈액으로 칼슘을 방출시킨다.
① 갱년기 여성은 혈청 에스트로겐이 감소하여 골밀도가 감소한다.
② 비만 여성은 비만조직에 에스트로겐을 저장해서 혈중 칼슘농도를 유지하므로 마른 여성보다 골다공증 발생위험이 낮다.
④ 장기적 부동 상태는 골 형성을 억제하고 골 흡수를 증가시켜서 골량이 감소한다.
⑤ 장기간의 corticosteroid 투여는 골형성을 감소시키고 골흡수를 증가시켜 골다공증을 초래한다.

| 8 | 과목 | 병태생리학 | 난이도 | ●●● | 정답 | ③ |

면역계는 어떤 항원에 노출되면 그 항원에 저항하기 위한 특이항체를 생산한다. 항원이 신체에 침입하였을 때 B림프구는 보조 T림프구, 대식세포와 상호작용하여 항원을 인식하여 하나의 특이항원에 감작되고 B림프구에 의해 특이항체를 생산한다. 이와 동시에 B림프구는 기억B림프구를 통해 하나의 특이항원에 감작된 상태를 유지하여 같은 항원에 노출되었을 때 즉각적으로 반응하고 특이항체를 생산한다. 기억B림프구는 지속적으로 특이항원에 대한 면역이 된다.

| 9 | 과목 | 성인간호학 | 난이도 | ●○○ | 정답 | ② |

혈전용해제는 섬유소 덩어리의 섬유소사를 퇴화시키고 플라즈미노겐을 플라즈민 형태로 활성화시킨다. 플라즈민은 섬유소분자에 부착하여 섬유소 덩어리를 파괴시키고 혈관의 재관류를 돕는다. 혈전용해제는 Urokinase, streptokinase, tissue plasminogen activator(t-RA), reteplase, anistreplase 등이 있다. 혈전용해제는 허혈성 뇌경색(출혈성 뇌경색 제외), 말초 정맥 또는 동맥폐색, 급성 심근경색, 폐색전증 치료에 사용된다. 혈전용해제의 주요 부작용은 출혈이므로 잠재적 출혈 위험성이 있는 환자에게는 투여하지 않는다. 뇌동맥류는 파열 시 심각한 출혈이 우려되기 때문에 투약을 하지 않는다.

| 10 | 과목 | 정신간호학 | 난이도 | ●●○ | 정답 | ② |

② 항정신병약물의 추체외로계 부작용 중 급성 근긴장 이상증의 증상이다.
① 증상은 금방 사라지므로 심한 부작용이 아님을 설명한다.
③ 항파킨슨 약물(benztropine)을 투약한다.
④ 조현병 증상이 악화된 것으로 보기 어려우므로 약물 부작용인지 감별한다.
⑤ 식사 시 기도 내 흡인을 예방하기 위해 좌위 또는 측위를 취해준다.

| 11 | 과목 | 정신간호학 | 난이도 | ●●○ | 정답 | ③ |

알코올 의존환자를 치료함에 있어 가장 우선되어야 하는 것은 술을 완전히 끊고 다시 마시지 않는 것이다. 개방적, 무비판적, 지지적인 태도로 환자와 치료관계를 형성하여 일관적인 규칙을 적용한다.

| 12 | 과목 | 성인간호학 | 난이도 | ●○○ | 정답 | ④ |

④ 세균뇨가 있더라도 발열, 옆구리 통증 등과 같은 전신적인 증상이 나타나지 않는다면 항생제 사용은 피하는 것이 좋다. 항생제에 내성이 있는 세균이 출현할 수 있기 때문이다.

| 13 | 과목 | 성인간호학 | 난이도 | ●●○ | 정답 | ⑤ |

새벽현상은 새벽 3시까지는 정상혈당을 유지하다가 그 이후부터 혈당이 증가하여 아침에 고혈당이 나타난다. 1형 당뇨병 대상자에게서 새벽 동안 성장호르몬이 분비되어 발생한다. 치료방법은 자기 전, 새벽 3시, 아침 공복 혈당을 측정하여 새벽 고혈당을 규명하고 인슐린 용량을 증량하여 투여한다.

| 14 | 과목 | 정신간호학 | 난이도 | ●●○ | 정답 | ③ |

③ 반영 : 대상자가 모호하게 표현한 감정을 분명히 하여 자신의 감정을 수용하고 인정할 수 있도록 격려하는 것이다.
① 재진술 : 대상자가 전한 내용과 감정을 그대로 반복하여 대상자의 말을 경청하고 있음을 표현하고 놓치기 쉬운 중요한 부분을 강조하는 것이다.
② 명료화 : 애매모호하거나 무의미한 대상자의 표현을 명확하게 하는 것이다.
④ 침묵 : 대상자가 자신의 생각을 정리할 수 있도록 대상자가 말을 시작할 때까지 기다리는 시간이다.
⑤ 초점 맞추기 : 대상자가 중요한 주제에서 벗어나지 않도록 하나의 주제에 집중하게 하는 것이다.

| 15 | 과목 | 정신간호학 | 난이도 | ●●● | 정답 | ① |

① 종결에 대한 계획을 수립하고 종결에 대해 준비하는 것은 초기단계에서 미리 이루어져야 한다.
②③④⑤ 초기단계에서 면담시간, 목표, 우선순위, 간호계획, 한계를 설정하고 종결단계에서는 초기단계에서 설정한 목표 달성 여부에 대해 간호사와 대상자가 상호 평가한다. 간호사는 종결단계에서 대상자가 관계를 끝낼 준비가 되었는지 판단하고 종결이 대상자에게 스트레스를 유발할 수 있음을 인식하여 대상자의 적응적 행동을 지지한다. 만약 종결단계가 원활히 이루어지지 않는다면 대상자는 간호사에게 지나치게 의존할 수 있고, 간호사는 대상자를 독립시키려 하지 않을 수 있다.

| 16 | 과목 | 아동간호학 | 난이도 | ●●○ | 정답 | ⑤ |

②④⑤ 성장발달은 연속성과 방향성이 있어 섬세하고 복잡한 동작에서 단순한 동작으로, 머리에서 다리 방향으로, 중심부에서 말초방향으로 성장발달이 이루어진다.
①③ 성장과 발달에는 일정한 순서가 있어 예측 가능하나 모든 부위가 같은 속도로 성장하지는 않으며 아동마다 개인차가 있어 성장발달 속도와 비율이 다르다.

| 17 | 과목 | 성인간호학 | 난이도 | ●●● | 정답 | ② |

②④ Metformin은 신장에서 배설되기 때문에 신장질환자, 간 기능 부전, 심부전, 대사성 산증, 알코올 중독 대상자에게는 금기이다. 조영제는 신독성이 있기 때문에 조영제를 사용하는 방사선검사 전 Metformin을 중단하고 검사 후 48시간 동안은 투여하지 않는다. 신기능이 정상으로 돌아온 후 다시 투여를 시작한다.
① Metformin은 Biguanide계 경구혈당강하제로 제2형 당뇨병 치료를 위해 단독 또는 다른 경구혈당강하제나 인슐린과 함께 사용한다.
③ Metformin은 간에서 포도당의 분해와 생성을 억제하여 혈당을 감소시킨다. 또한 세포 내로 포도당을 이동시키고 조직의 인슐린 민감성을 높인다.
⑤ Metformin은 단독 투여 시 저혈당을 일으키지 않으나 다른 약과 병용 투여 시 저혈당이 발생할 수 있으므로 저혈당의 증상과 징후에 대한 교육이 필요하다.

| 18 | 과목 | 아동간호학 | 난이도 | ●●○ | 정답 | ③ |

크룹(Croup)은 일반적으로 바이러스 감염에 의해 발생하며 후두부종, 후두폐쇄로 개 짖는 듯한 기침, 쉰 목소리, 흡기 시 천명음, 호흡곤란이 나타난다. 크룹은 급성 후두개염, 급성 후두염, 급성 후두기관기관지염, 세균성 기관염을 포함하며 후두부 부종을 감소시키고 혈관을 수축시켜 증상을 완화시키기 위해 가습된 차가운 공기를 제공한다.

| 19 | 과목 | 아동간호학 | 난이도 | ●○○ | 정답 | ⑤ |

⑤ DTaP 1차는 생후 2개월, 2차는 생후 4개월, 3차는 생후 6개월에 접종하며, 생후 15 ~ 18개월 4차 추가접종, 4 ~ 6세에 5차 추가 접종한다.
① BCG는 생후 4주 이내 접종한다.
② B형간염 1차는 생후 1주 이내, 2차는 생후 1개월 이내, 3차는 생후 6개월에 접종한다.
③ MMR 1차는 생후 12 ~ 15개월, 2차는 4 ~ 6세 추가 접종한다.
④ 일본뇌염은 생백신과 사백신 모두 12 ~ 24개월에 1차 접종을 시작한다.

| 20 | 과목 | 성인간호학 | 난이도 | ●○○ | 정답 | ④ |

Russell 견인은 피부견인 중 하나로 피부에 강한 힘을 적용하여 근육경련을 감소시킨다. 소아의 대퇴골 골절이나 고관절 골절의 고정, 성인의 요통 치료, 무릎이나 골반 기형 고정을 위해 적용한다. 수평견인을 위해 하지에 견인 테이프를 감고 수직견인을 위해 무릎을 걸대에 걸어 수평견인과 수직견인을 하나의 줄로 연결한다. 무릎 아래에 베개를 대어 발뒤꿈치가 침상에 닿지 않도록 하고 하지를 상승시킨다. 피부견인은 테이프에 과민반응이 있거나 개방성 상처가 있는 경우 사용이 불가능하다.

| 21 | 과목 | 아동간호학 | 난이도 | ●●○ | 정답 | ③ |

③ 6세 아동은 학령전기로 연합놀이를 한다. 동일한 놀이에 같이 참여하나 놀이의 목표나 역할이 없는 것은 학령전기 연합놀이에 해당한다.
① 자신의 신체부위와 손에 닿는 것을 가지고 탐색하는 것은 영아기 단독놀이에 해당한다.
② 다른 아동이 노는 것을 지켜보나 그 놀이에 참여하지는 않는 것은 신생아기의 지켜보는 행동에 해당한다.
④ 다른 아동들 사이에서 같은 장난감을 가지고 놀지만 함께 놀지 않는 것은 유아기 평행놀이에 해당한다.
⑤ 게임에 일정한 규칙이 있고 놀이의 특별한 목표가 있는 것은 학령기 협동놀이에 해당한다.

| 22 | 과목 | 아동간호학 | 난이도 | ●●○ | 정답 | ① |

광선요법을 적용할 때 안구손상을 예방하기 위해 안대를 적용하나 수유 시에는 시각적 감각 자극을 제공하기 위해 안대를 벗긴다. 또한 신체노출을 극대화하기 위해 자주 체위를 변경하고 기저귀와 안대를 제외하고 모두 벗긴다.

| 23 | 과목 | 아동간호학 | 난이도 | ●○○ | 정답 | ② |

탈수 시 혈압 저하, 맥박 증가, 대천문 함몰, 피부탄력도 저하, 타액감소 및 구강점막 건조, 소변량 감소, 요비중이 증가한다.

| 24 | 과목 | 여성간호학 | 난이도 | ●○○ | 정답 | ② |

가족중심 접근방법에서 가족의 중요한 역할과 기능인 출산, 양육, 자녀의 사회화는 여성의 일만이 아닌 가족 전체의 중요한 과업으로 간주한다. 또한 여성은 가족구성원의 핵심이므로 여성 개인의 건강관리와 가족 전체의 건강증진을 목적으로 한다.

| 25 | 과목 | 여성간호학 | 난이도 | ●●○ | 정답 | ① |

②③⑤ 완경기 여성의 신체변화에 대한 설명으로 월경곤란증과는 관련이 없다.
④ 자궁협부 긴장도가 증가하여 월경 혈의 유출이 원활하지 않아 월경통이 발생한다.

PLUS TIP 원발성 월경 곤란증

㉠ 정의: 골반의 기질적 병변이 없음에도 불구하고 월경통을 호소하는 것이다.
㉡ 원인: 자궁 내막의 프로스타글란딘의 생성이 증가가 주요 원인이다. 자궁 내막 세포에서 프로스타글란딘이 증가하면서 자궁 수축 촉진, 자궁협부 긴장도 증가, 자궁내막 동맥 경련이 나타나면서 발생한다.
㉢ 증상: 오심, 구토, 설사를 동반한다. 통증은 방광 위쪽과 허리, 천골, 허벅지까지 전파되기도 한다. 복부 마사지를 하면서 증상이 완화되기도 한다.
㉣ 치료: 프로스타글란딘 생성 억제제 복용하면 효과가 있다. 생리대는 자주 갈아주면서 외음부를 청결하게 유지하고 하루에 한번 미온수로 닦아준다. 질 세정을 하지 않고 몸을 따뜻하게 유지한다.

| 26 | 과목 | 여성간호학 | 난이도 | ●●○ | 정답 | ② |

후기하강에 대한 설명으로 후기하강은 자궁 - 태반 혈류의 장애로 발생한다. 자궁수축 극기에 태아심박동이 감소하기 시작하고 수축이 끝난 후 회복되나 회복기간이 오래 걸린다. 간호중재는 산모의 체위를 좌측위로 변경하고 정맥주입 속도를 증가시키며 산소를 공급한다. 또한 옥시토신과 같은 자궁수축제가 투여중이라면 투약을 중단한다. 양수 내 태변 착색 유무를 확인하고 후기하강이 지속된다면 응급제왕절개수술을 준비한다.

| 27 | 과목 | 여성간호학 | 난이도 | ●○○ | 정답 | ③ |

③ 임신의 확정적 징후는 초음파에 의한 태아확인(6주 이후), 검진에 의한 태아 움직임 확인(20주 이후), 태아 심박동(doppler: 10 ~ 12주, 청진기 17 ~ 18주)이 있다.
①② 임신의 추정적 징후는 주로 임부에게 느껴지는 신체변화이다. 무월경, 오심, 구토, 입덧, 유방 팽만, 피로, 첫 태동, 빈뇨가 해당된다.
④ Goodell's sign은 임신 6 ~ 8주 나타나는 자궁경부의 연화로 임신의 가정적 징후다.
⑤ Chadwick's sign은 임신 8주, 질 벽과 질 전정의 자청색 변화로 임신의 가정적 징후다.

| 28 | 과목 | 여성간호학 | 난이도 | ●●○ | 정답 | ① |

편측 난소절제술을 시행한 경우 남아있는 한쪽 난소가 그 기능을 담당하여 난소호르몬을 분비하고 매달 배란과 월경이 일어나 자연 임신이 가능하다. 호르몬 대체요법은 난소호르몬이 분비되기 때문에 필요하지 않다.

| 29 | 과목 | 여성간호학 | 난이도 | ●○○ | 정답 | ① |

① AFI가 25cm 이상일 경우 양수과다증을 의심할 수 있다. 태아 폐 형성부전은 양수과소증의 합병증이다.

✎PLUS TIP 양수과다증

양수과다증의 합병증은 조기파수, 제대탈출, 태반조기박리, 선진부 진입 어려움, 비정상 태위유발, 자궁근무력증, 자궁기능부전, 산후출혈, 높은 주산기 사망률이다. 양수과다증으로 산모는 호흡곤란, 청색증, 부종, 복부 불편감, 복통을 호소할 수 있고, 태아 촉진이 잘되지 않는다. 치료는 indomethacin 투약, 양수천자를 실시한다. indomethacin은 태아에서 vasopressin의 분비를 증가시켜 소변량을 감소시킴으로써 양수과다증을 치료한다. 이뇨제 투약 및 수분과 염분 섭취 제한은 양수를 줄이는데 효과가 없다. 호흡곤란 완화를 위해 반좌위를 취해주고 정서적 지지와 안위를 제공한다.

| 30 | 과목 | 기본간호학 | 난이도 | ●●● | 정답 | ③ |

tabaxin 2.25g(2250mg)에 멸균증류수 8.7mL를 mix하여 총 10mL가 되었으므로, 1mL당 225mg의 tabaxin이 들어있다. 1회 1,100mg의 tabaxin을 투약하므로 1,100mg ÷ 225mg = 4.88…이므로, 약 4.9mL이다.

| 31 | 과목 | 기본간호학 | 난이도 | ●●● | 정답 | ③ |

③ 멸균 용액을 따르는 동안 소독캔의 뚜껑 안쪽 면이 아래로 향하게 들거나 테이블에 내려놓는 경우 안쪽 면이 위로 향하게 내려놓는다.
① 멸균 용기의 가장자리는 오염된 것으로 간주하므로 멸균 용액을 부을 때 소량 부어버리고 원하는 양을 멸균 용기에 붓는다.
② 시야를 벗어나거나 허리선 아래 위치한 멸균 물품은 오염된 것으로 간주하므로 멸균 장갑을 착용한 손은 허리선 위 또는 시야 내에 있어야 하고 멸균 물품만 접촉한다.
④ 멸균 영역 내에서 사용하는 모든 물품은 멸균된 것이어야 하므로 멸균 장갑을 착용한 손으로만 접촉하고 건열, 습열, 화학적으로 멸균된 물품을 사용한다.
⑤ 멸균 물품의 표면이 젖은 경우 오염된 것으로 간주하므로 멸균 용액을 부을 때 용액이 튀지 않도록 10~15cm 위에서 천천히 붓는다.

32

| 과목 | 기본간호학 | 난이도 | ●●○ | 정답 | ① |

① 설하투여는 약물을 혀 밑에 놓고 약이 용해되어 혀 밑의 혈관으로 빠르게 흡수되도록 하는 방법이다. 약이 흡수 될 때까지 삼키면 안 되며 대표적인 약물로는 nitroglycerine이 있다.
② 안연고는 하안검 결막낭 내측에서 외측으로 바른다.
③ 편마비 환자에게 경구투약 시 흡인 예방을 위해 마비되지 않은 쪽으로 약을 투여한다.
④ 항생제 피부반응 검사 후 약물이 주사바늘 뺀 부위로 흘러나올 수 있고 조직 내로 약물이 분산될 수 있기 때문에 마사지를 금한다.
⑤ 질좌약은 앙와위에서 무릎을 굽히고 다리를 벌린 상태에서 질후벽을 따라 8 ~ 10cm 정도 밀어 넣는다.

33

| 과목 | 기본간호학 | 난이도 | ●○○ | 정답 | ① |

산화에틸렌 가스 멸균법(EO gas 멸균법)은 세포의 대사과정을 변화시켜 세균성 아포를 포함한 모든 미생물을 사멸시키는 방법으로 독성이 있어 멸균 후 상온에서 적절한 환기가 필요하다. 습도 40 ~ 60%, 50 ~ 60℃에서 멸균하며 고무, 종이, 플라스틱 제품, 내시경, 각종 카테터, 세밀한 수술기구, 열과 습기에 약한 기구에 적용한다.
②④ 린넨, 비경구적 용액, 수술용 기구, 스테인리스 기구는 고압증기 멸균법을 적용한다.
③⑤ 분말, 유리기구, 금속제품은 건열 멸균법을 적용한다.

34

| 과목 | 기본간호학 | 난이도 | ●●● | 정답 | ⑤ |

동맥혈 가스분석 검사결과 pH 7.35 이상, PCO_2 정상, HCO_3^- 22mEq/L 이상이므로 대사성 알칼리증에 해당한다. 호흡수와 깊이가 감소하여 폐에서 이산화탄소 배출이 감소하고 동맥혈 내 이산화탄소 분압이 상승함으로써 호흡성산증을 유발시켜 대사성 알칼리증을 보상한다.

35

| 과목 | 기본간호학 | 난이도 | ●●○ | 정답 | ⑤ |

⑤ 부동 환자가 장기간 침상 안정 시 발끝이 아래로 처져 족저굴곡이 되므로 이를 방지하기 위해 발판이나 베개를 발아래 대어준다.
① 고관절의 외회전을 예방하기 위해 대전자 두루마리를 대어준다.
②③ 무릎관절 아래 약간 위쪽에 작은 패드를 두어 하지의 혈액순환을 돕고 압력을 감소시켜 슬와신경을 보호한다.
④ 발목 밑에 낮은 베개를 대어주어 발뒤꿈치 부위의 욕창을 예방한다.

36

| 과목 | 기본간호학 | 난이도 | ●●● | 정답 | ① |

① Homan's sign : 똑바로 누운 상태에서 다리를 배굴 시켰을 때 종아리에 통증을 호소하면 양성으로 심부정맥혈전증이나 정맥염을 의심해 볼 수 있다.
② Tinel sign : 손목부위 정중신경을 타진 시 찌릿한 느낌이나 저림이 나타나는 것으로 손목터널 증후군을 의심해 볼 수 있다.
③ Kernig sign : 똑바로 누운 상태에서 엉덩관절을 구부려 종아리를 들어 올리고 무릎을 펴려고 하면 무릎이 구부러지고 통증을 호소하는 것으로 뇌수막염을 의심해 볼 수 있다.
④ Brudzinski sign : 똑바로 누운 상태에서 머리를 굽히면 엉덩관절과 무릎관절이 펴지는 것으로 뇌수막염을 의심해 볼 수 있다.
⑤ Murphy's sign : 공기를 깊게 들이마신 상태에서 오른쪽 늑골아래를 촉진하였을 때 통증이 증가하는 것으로 담낭염을 의심해 볼 수 있다.

37

| 과목 | 기본간호학 | 난이도 | ●●● | 정답 | ① |

기관절개관 삽입부위 소독은 1회/1일 이상 또는 필요시(거즈가 젖거나 오염된 경우)시행한다. 0.5% 클로르헥시딘 또는 멸균 생리식염수를 적신 소독솜을 이용하여 절개부위 안쪽에서 바깥쪽으로 소독하고 소독솜은 한 번 사용 후 버린다. 이후 새로운 2 × 2 Y거즈를 끼워준다.

38

| 과목 | 기본간호학 | 난이도 | ●●○ | 정답 | ② |

관장을 하는 동안 심한 복통, 오심, 구토, 식은땀, 창백함이 있는 경우, 즉시 관장용액 주입을 중단하고 의사에게 보고한다.

PLUS TIP 관장

성인의 경우 관장은 Sim's 체위나 오른쪽 무릎을 굽힌 좌측위에서 직장튜브를 배꼽방향으로 7.5 ~ 10cm 삽입한다. 관장용기의 높이 30 ~ 45cm에서 용액을 천천히 주입한다. 관장용액 주입 후 팽만감이 있으며 10 ~ 15분 참은 후 대변을 보도록 한다.

| 39 | 과목 | 기본간호학 | 난이도 | ●●● | 정답 | ⑤ |

⑤ 주입을 중단할 때는 48시간에 걸쳐 서서히 중단한다. 갑자기 중단할 경우 저혈당이 발생할 수 있다.

①④ 완전 비경구영양(TPN)은 주입 펌프를 사용해 정확한 속도로 주입해야 한다. 주입 속도가 너무 빠른 경우 삼투성 이뇨, 탈수, 고혈당이 발생할 수 있다. 따라서 주입 속도를 점진적으로 증가시킨다. 주입 중에는 일정속도를 유지해야 한다.

② 완전 비경구영양(TPN)은 고농도의 포도당을 포함하고 있어 미생물 성장의 배지역할을 한다. 따라서 감염예방을 위해 주입용 관을 24시간마다 교환한다. 또한 주입용 관과 중심정맥관이 분리될 경우 감염될 수 있으므로 새거나 꼬이지 않도록 주의한다.

③ 흉부 X-ray 검사로 중심정맥관의 위치를 확인한다. 중심정맥관의 끝이 상대정맥과 우심방의 경계에 위치해야 한다.

✏️PLUS TIP 완전 비경구영양(TPN)

질병이나 외상으로 인해 경구로 충분한 영양을 충족할 수 없는 대상자에게 중심정맥관을 통해 고장액의 영양을 투여하는 것이다. 말초 정맥으로 고장액을 투여 시 정맥염을 초래할 수 있으므로 반드시 중심정맥관을 통해 투여한다.

| 40 | 과목 | 기본간호학 | 난이도 | ●●○ | 정답 | ⑤ |

⑤ 프라이버시 보호를 위해 욕실문은 닫아두어야 하나 문을 잠그면 응급상황 시 대처하기 어렵기 때문에 문을 잠그지 않도록 한다.

① 인접한 피부의 손상을 예방하기 위해 손톱은 달걀모양으로, 발톱은 일직선으로 깎는다.

② 의치를 끼지 않을 때는 의치 전용세제로 세척 후 미온수로 헹구고 차가운 물이 담긴 용기에 보관한다.

③ 당뇨병 환자의 경우 꼭 끼는 양말과 신발, 다리 꼬기, 한 자세로 오랫동안 앉기 등 하지 순환을 방해하는 행위를 피한다. 또한 손상을 예방하기 위해 맨발로 다니지 않고 부드러운 양말과 잘 맞는 신발을 착용한다.

④ 무의식 환자의 구강 및 상기도 감염을 예방하고 구강 내 혈액순환 증진, 구취 제거를 위해 구강간호를 제공한다. 과산화수소와 물을 1:1로 희석하여 구강간호를 시행한다.

| 41 | 과목 | 기본간호학 | 난이도 | ●○○ | 정답 | ③ |

낙상 위험요인은 65세 이상이나 영아 및 유아, 이전 낙상 과거력, 기동성 저하(근육허약, 조정능력이나 균형감각 손상, 마비), 감각손상, 배뇨장애, 약물 복용(진정제, 신경안정제, 이뇨제, 혈압강하제, 진통제), 체위성 저혈압, 허약, 낯선 환경 등이다.

| 42 | 과목 | 성인간호학 | 난이도 | ●●○ | 정답 | ② |

안압 상승을 예방하기 위해 취침 시 수술 부위 쪽으로 눕지 않도록 한다. 허리를 구부리거나 꼭 끼는 옷, 재채기, 배변 시 긴장, 딱딱한 음식, 안검 누르기, 안구 마사지는 안압을 상승 시킬 수 있으므로 피한다. 백내장 수술 후 갑작스런 통증, 시력감소, 출혈, 부유물이 있는 경우 합병증에 해당하므로 즉시 병원에 내원하도록 교육한다.

| 43 | 과목 | 성인간호학 | 난이도 | ●○○ | 정답 | ① |

① 호흡곤란을 동반한 흉통을 호소하다가 좌측 팔이나 어깨로 방사하는 통증을 호소하는 것은 활동으로 인한 스트레스, 관상동맥 협착 악화, 급성으로 발생한 혈전 등이 원인이다.

| 44 | 과목 | 성인간호학 | 난이도 | ●●○ | 정답 | ⑤ |

비타민 B6(Pyridoxine)은 간에서 levodopa의 전환을 증가시키고 뇌의 도파민 전환을 감소시켜 levodopa의 효과를 감소시킨다. 따라서 비타민 B6가 함유된 음식이나 보충제의 섭취를 제한한다.

| 45 | 과목 | 성인간호학 | 난이도 | ●●○ | 정답 | ② |

급성 신부전에서 신장의 포타슘 배설능력이 저하되고 조직손상으로 포타슘이 혈중으로 유리되어 고포타슘혈증이 발생한다. 인슐린은 혈중 포도당과 함께 포타슘을 세포 내로 이동시켜 혈중 포타슘 농도를 낮춘다. 급성 신부전에서 발생하는 대사성 산증을 교정할 때는 중탄산염을 투약한다.

| 46 | 과목 | 성인간호학 | 난이도 | ●○○ | 정답 | ⑤ |

골절의 치유과정은 '혈종 및 육아조직 형성 – 가골 형성 – 골화 – 골 강화와 재형성'의 순서로 이뤄진다.

✏️PLUS TIP 골절의 치유과정
㉠ 혈종 및 육아조직 형성 : 골절 부위와 인접한 조직에 혈종이 형성되어 골절된 뼈의 말단에 혈액을 공급한다. 골절 24시간 내 혈종의 혈액이 응고되어 섬유소 그물망을 형성하고 혈종은 골절 2 ~ 3일 내 육아조직을 형성한다. 괴사된 조직들은 대식작용에 의해 흡수된다.
㉡ 골화 : 골절 3 ~ 6주 내 칼슘과 무기질이 침착하여 단단한 진성 가골로 변한다.
㉢ 가골 형성 : 손상 6 ~ 10일 내 각종 무기질과 골기질이 유골 내 축적되어 가골을 형성한다. 가골은 정상보다 크고 느슨하여 충격에 쉽게 손상된다.
㉣ 골 강화와 재형성 : 과잉 형성되어있던 골조직이 흡수되어 골조직간 거리가 좁혀지고 단단해진다.

| 47 | 과목 | 성인간호학 | 난이도 | ●●● | 정답 | ① |

혈액 투석 시 사용하는 헤파린은 응고시간을 증가시켜 출혈 위험을 높인다. 따라서 출혈 여부를 관찰하고 활력징후를 자주 측정한다. 침습적인 시술이나 수술은 투석을 하고 나서 약 4 ~ 6시간이 지날 때까지는 피한다.

| 48 | 과목 | 성인간호학 | 난이도 | ●○○ | 정답 | ③ |

ICP 상승 시 나타나는 증상에는 의식수준 저하, 체온 상승, 동공반사의 변화, 감각과 운동의 변화, 오심 없이 나타나는 투사성 구토, 경련 등이 있다. 이때 시상하부, 뇌교, 연수, 이상의 압력 증가로 쿠싱 3대 증상인 혈압 상승, 서맥, 불규칙한 호흡도 나타난다.

| 49 | 과목 | 성인간호학 | 난이도 | ●●○ | 정답 | ② |

② 간헐적 단순 도뇨를 시행하여 소변 배출이 가능하다.
①③④⑤ 경추 수준의 척수 손상에서 나타난다. 특히 C1~4 척수 손상 시 경부 이하의 모든 운동기능과 감각기능을 상실하고 횡격막 신경의 손상으로 호흡장애가 발생하기 때문에 기관절개관 및 인공호흡기 치료가 필요하다.

✎CLUE🎯 **척수 T1~6 부분의 신경손상**

㉠ 운동기능 : 하지마비로 가슴 중앙 이하 모든 운동 및 움직임은 상실되나 어깨나 팔, 가슴 상부, 손, 머리 움직임은 가능하다.
㉡ 감각기능 : 가슴 중앙 이하 감각기능은 상실되나 가슴상부, 팔, 어깨, 손등의 감각은 정상이다.
㉢ 신경계 : 횡격막 신경은 정상이나 일부 늑간근의 기능을 상실하고 방광이나 장 기능이 손상된다.
㉣ 상지기능 : 완전하여 독자적 수행이 가능하다.

| 50 | 과목 | 성인간호학 | 난이도 | ●○○ | 정답 | ② |

② 혈소판이 감소한 경우 출혈 경향이 증가하므로 출혈 증상을 관찰하고 출혈을 예방해야 한다. 손상을 예방하기 위해 침대 난간에 패드를 대어주고 과격한 운동이나 발치는 제한한다. 면도를 할 때는 전기 면도기를 사용하고 보행 시 편안하고 튼튼한 신발을 신는다. 코를 세게 풀거나 후비지 않도록 한다.
①④ 직장 체온 측정, 근육주사, 좌약, 관장, 탐폰이나 질정 사용을 피한다.
③ 부드러운 칫솔을 사용하여 구강간호를 시행하고 출혈 위험이 높은 경우 생리식염수로 구강을 세척한다.
⑤ 아스피린과 항응고제는 출혈 경향을 증가시키므로 사용을 제한하고 발열 시 아세트아미노펜을 투약한다.

제 03 회 정답 및 해설

1	2	3	4	5	6	7	8	9	10
④	③	①	⑤	②	④	⑤	⑤	⑤	⑤
11	12	13	14	15	16	17	18	19	20
⑤	②	⑤	⑤	②	③	④	③	⑤	④
21	22	23	24	25	26	27	28	29	30
①	①	⑤	②	④	⑤	②	③	②	③
31	32	33	34	35	36	37	38	39	40
④	④	④	⑤	⑤	③	②	②	⑤	④
41	42	43	44	45	46	47	48	49	50
②	②	③	④	③	③	③	②	④	⑤

1

| 과목 | 성인간호학 | 난이도 | ●○○ | 정답 | ④ |

화학요법은 질환이 여러 장기로 퍼져 있거나, 아직 발견되지 않았지만, 전이의 위험이 높거나, 수술로 종양 제거가 어렵고, 방사선에 저항이 있으면 시행한다. 수술 후 재발 위험은 예측할 수 없다.

2

| 과목 | 기본병리학 | 난이도 | ●●● | 정답 | ③ |

③ 호중구, 림프구, 대식세포 등의 면역 세포나 화학적 인자인 항체, 보체 등이 면역 반응 또는 염증 반응을 일으켜 다른 세포에 손상을 줄 수 있다.
①② 혈액 공급이 줄어드는 허혈은 저산소증의 흔한 원인이며, 저산소증은 세포 손상을 유발하는 가장 흔한 원인이다. 세포에 산소 공급이 저하되면 산화적 인산화가 억제되어 세포 손상이 나타난다.
④ 바이러스나 세균, 진균, 기생충 등에 의해서도 세포 손상이 가능하다.
⑤ 유전적 장애는 눈으로 보이는 결함부터 미세 결함까지 다양한 세포 손상의 원인이 될 수 있다.

| 3 | 과목 | 병태생리학 | 난이도 | ●●● | 정답 | ① |

① Na⁺, Cl⁻, K⁺ 등의 이온 여과와 재흡수는 사구체 여과율 결정과 관계가 없다.
② 사구체 장벽의 여과계수는 사구체 장벽의 혈장에 대한 투과도에 의해 결정된다. 사구체 장벽이 혈장을 잘 투과시키지 못하면 사구체 여과율이 감소한다.
③ 사구체 정수압은 사구체 여과를 증가시키는데 관여하며 사구체 내의 혈액량에 의해 결정된다.
④ 사구체 내의 교질 삼투압은 사구체 여과를 방해하는 힘이다.
⑤ 보우만주머니 내의 정수압은 사구체 여과를 방해하는 요인 중 하나이다.

| 4 | 과목 | 여성건강간호학 | 난이도 | ●●○ | 정답 | ⑤ |

①②③④ 모두 황체화 호르몬(LH)에 관한 설명이다. 난포자극 호르몬(FSH)은 난소의 원시난포 성숙을 유도하여 성숙난포로 성장하게 하며, 난포세포를 자극하여 에스트로겐 분비를 촉진 시킨다.

| 5 | 과목 | 성인간호학 | 난이도 | ●●● | 정답 | ② |

간경변증에서 알부민 수치가 감소하면 혈장 삼투압 저하로 인해 체액이 혈관 밖으로 빠져나가 복강 내에 복수가 고인다. 복부 팽만, 말초 부종, 급격한 체중 증가 등은 전형적인 복수 증상이다. 혈뇨, 빈뇨, 체열 상승, 기침은 간기능 저하와 직접적인 관련이 없다.

PLUS TIP 혈청 알부민 정상 범위

혈청 알부민의 정상 범위는 3.5~5.0g/dL이다. 3.5g/dL 미만이면 저알부민혈증으로 간주하며, 이는 간경변증, 영양결핍, 신증후군, 만성질환 등에서 흔히 나타난다. 2.5g/dL 이하로 떨어지면 부종, 복수, 저혈압, 약물 결합력 저하 등의 임상증상 위험이 급격히 증가한다.

| 6 | 과목 | 성인간호학 | 난이도 | ●●● | 정답 | ④ |

④ 단백질은 Levodopa의 흡수를 억제하므로 약물 투여하는 시간 가까이에는 단백질 섭취를 피한다.
①⑤ 안정제 및 B6 식품은 Levodopa의 약물 효과를 감소시킨다. 특히 B6 식품은 간에서 Levodopa의 대사를 증진시켜 뇌로 이동하여 전환되는 도파민을 감소시킨다.
② Levodopa 제제는 공복에 복용한다. 금식 중에도 되도록 복용하도록 한다. 다만, 오심 등 어쩔 수 없는 상황에는 음식과 함께 복용한다.
③ 도파민 작용제의 부작용으로 오심, 환각, 운동실조, 기립성 저혈압 등이 발생할 수 있으므로 체위 변경 시 주의한다.

| 7 | 과목 | 아동간호학 | 난이도 | ●●○ | 정답 | ⑤ |

① 스트레스 반응으로 퇴행 현상이 일시적으로 나타날 수 있으나 치료는 필요하지 않다.
② 질병을 죄에 대한 벌이라고 생각한다.
③ 학령전기 아동은 보존개념을 이해하지 못한다.
④ 죽음에 대해 완전히 이해하지 못하며 일시적이고 가역적인 것으로 생각한다.

| 8 | 과목 | 지역사회간호학 | 난이도 | ●○○ | 정답 | ⑤ |

① 변화촉진자 : 대상자의 행동이 올바르게 변하도록 조력하는 역할을 한다.
② 교육자 : 대상자 스스로가 자신을 돌볼 수 있도록 교육하는 역할을 한다.
③ 상담자 : 대상자 스스로가 문제를 해결하도록 도와주는 역할을 한다.
④ 협력자 : 다른 건강요원들과 의사소통하며 상호동반적인 관계에서 업무에 협력하는 역할을 한다.

| 9 | 과목 | 간호관리학 | 난이도 | ●○○ | 정답 | ⑤ |

⑤ 초기 기독교 시대의 의료기관으로는 다이아코니아가 있으며 오늘날의 보건소나 병원의 외래 진료소 같은 역할을 하였다. 제노도키아는 다이아코니아보다 더 큰 시설로 입원 시설을 갖춘 오늘날의 종합병원 역할을 하였다.
① 푀베에 의해 최초의 방문 간호가 시행되었으며 간호 사업이 여성 사업으로 발전하는 기초가 되었다.
② 초기 기독교 시대엔 여집사를 중심으로 한 조직화된 간호가 나타났다.
③ 로마의 귀부인 간호 사업가들도 있었는데 그중 마르셀라는 자신의 집을 수도원으로 만들어 자선 사업을 하였으며 마르셀라를 수도원의 창시자, 수녀들의 어머니라고 불렀다. 화비올라는 사궁을 기독교 병원으로 만들며 최초의 기독교 병원을 설립하였다.
④ 파울라는 순례자를 위한 호스피스를 마련하여 여행에 지친 자, 병든 자들을 돌보았다.

| 10 | 과목 | 기본간호학 | 난이도 | ●○○ | 정답 | ⑤ |

① 적극적 경청 : 능동적으로 듣는 과정으로 언어적, 비언어적 메시지에 관심을 가져 언어적, 비언어적 메시지가 일치하는지 관찰하게 된다.
② 침묵 유지 : 대화를 잠시 중단하는 것으로 사고를 조직할 기회를 제공한다.
③ 명료화 : 대상자의 말이 모호하거나 복잡할 때 명료하게 하기 위함이다.
④ 말문 열기 : 대상자가 말문을 열 수 있도록 이끄는 것으로 소개 단계에서 유용하다.

| 11 | 과목 | 성인간호학 | 난이도 | ●○○ | 정답 | ⑤ |

⑤ 복막투석은 환자가 손쉽게 조작할 수 있고, 혈액 투석에 비해 식이 제한이 적다.
①②③④ 혈액투석에 대한 설명이다. 치료 시간이 3 ~ 5시간가량 소요되며 전문적인 직원과 장비가 필요하다. 투석과 투석 사이 기간이 길고 그 사이에 노폐물이 축적될 수 있으므로 까다로운 식이 제한이 필요하다. 전신적인 헤파린 요법이 적용되므로 출혈 위험을 조심해야 한다.

| 12 | 과목 | 성인간호학 | 난이도 | ●○○ | 정답 | ② |

㉠ 악성 신생물 : 빠르게 성장하고 피막에 싸여 있지 않다. 전이가 매우 일반적이고, 분화가 잘 안 되어 있으며 다른 조직에 침윤하면서 성장하고, 정상 및 비정상 유사분열 형태가 있다.
㉡ 양성 신생물 : 성장이 비교적 느리고 섬유소 막 안에 국한되어 있다. 재발 및 전이가 거의 없고 분화가 잘되며 유사분열 형태가 없다.

| 13 | 과목 | 성인간호학 | 난이도 | ●○○ | 정답 | ⑤ |

정맥류(Varicose vein)는 정맥 판막의 기능 이상 및 정맥압 상승으로 표재성 정맥이 확장되고 구불거리는 상태를 말한다. 원인으로는 가족력, 외상, 손상된 판막, 오래 서 있는 직업 등이 있다. 정맥류의 대표적인 증상으로는 검고 구불거리며 튀어나온 혈관, 거친 피부, 장기간 서 있을 때 증상의 악화, 다리 부종, 조이는 감각, 가려움, 종아리 근육 경련 등이 있다.

| 14 | 과목 | 기본간호학 | 난이도 | ●●○ | 정답 | ⑤ |

폴리우레탄 폼 드레싱은 상처 표면에 수분을 제공하며 상처 손상을 최소화한다. 삼출물을 흡수하지 않는다.

PLUS TIP 드레싱의 종류

㉠ 거즈 드레싱 : 혈액이나 삼출물이 배액 되는 초기 상처를 덮는 데 좋으나 상처를 사정할 수 없고 육아조직이 헝겊섬유에 붙을 수도 있다는 단점이 있다.
㉡ 투명 드레싱 : 삼출액이 적은 1차 드레싱으로 사용한다. 드레싱을 제거하지 않고도 상처를 사정할 수 있으며 반투과성으로 산소와 수증기가 통과한다.
㉢ 하이드로 콜로이드 드레싱 : 불투명하고 접착성이 있으며 공기와 물을 통과시키지 않는다. 주변의 분비물이 상처로 유입되는 것을 방지해 주고 삼출물을 흡수해 오염원으로부터 상처를 보호한다.
㉣ 하이드로 겔 드레싱 : 신경 말단을 촉촉하게 하며 깊은 상처의 사강을 감소시킨다. 세척이 용이하나 고정하기 위해서는 2차 드레싱이 필요하다.
㉤ 칼슘 알지네이트 드레싱 : 삼출물을 흡수하여 상처 표면에 젤을 형성해 수분을 제공한다. 분비물이 많은 상처에 사용한다.
㉥ 폴리우레탄 폼 드레싱 : 기포재가 완충 효과와 편안함을 제공하면서 상처 표면에 수분을 제공하고 상처 손상을 최소화하기 위함이다. 삼출물을 흡수하지는 않는다.

| 15 | 과목 | 기본간호학 | 난이도 | ●●● | 정답 | ② |

호흡성 산증은 체내 CO_2가 과다하여 나타나는 것으로, 두통, 흐린 시야, 빈맥, 부정맥, 기면, 과다환기, 고칼륨혈증 등의 증상이 나타난다. 동맥혈가스분석에서 pH가 정상보다 낮고, PCO_2가 정상보다 높게 측정된다.

| 16 | 과목 | 성인간호학 | 난이도 | ●●○ | 정답 | ③ |

③ 취침 전 식사를 금하며 취침 시에는 머리를 30° 정도 상승하여 눕는 것이 좋다.
①② 음식물을 소량으로 자주 섭취해야 한다. 음식물 통과를 위하여 충분한 수분과 섬유질이 풍부한 음식을 섭취하는 것이 좋다. 고지방 식이는 하부식도 괄약근의 압력을 감소시켜 위 배출을 지연시키므로 저지방 식이를 해야 한다.
④ 배변 시 강하게 힘주는 등의 복압 상승 행동은 제한하여야 한다.
⑤ 식후에는 몸을 앞으로 구부려야 하며, 무거운 물건을 들지 않도록 주의한다.

| 17 | 과목 | 성인간호학 | 난이도 | ●●○ | 정답 | ④ |

혈압이 낮아지고 맥박이 빨라지는 것은 출혈 위험을 나타낸다. 수술 시 부갑상샘이 손상되면 안면 근육경련(Chvostek's sign), 상완 압박 시 팔의 경련(Trousseau's sign) 등의 테타니 증상이 나타난다. 갑상샘 절제술 후 특히 유의할 사항은 그 외에도 호흡곤란, 불규칙한 호흡, 천명음, 기관 폐색, 목 조이는 느낌, 연하곤란 등이 있다. 수술 후, 다음날 쉰 목소리는 며칠 내에 정상적으로 돌아온다.

| 18 | 과목 | 성인간호학 | 난이도 | ●●● | 정답 | ③ |

만성 기관지염과 폐기종의 공통점으로는 기좌호흡(앞으면 호흡곤란 완화), 노력성 호기량, 폐활량의 감소 등이 있다.

✎ PLUS TIP 만성 기관지염과 폐기종의 증상

㉠ 만성 기관지염 : 검사 시 $PaCO_2$ 상승, PaO_2 저하가 나타나며 호흡곤란은 없으나 청색증이 나타난다. 또한, 타진 시 공명음이 들리며 주로 아침에 가래가 섞인 기침을 하는 것이 특징이다.
㉡ 폐기종 : 호흡곤란을 동반한 저산소혈증이 나타나며, 타진 시 과공명음이 들린다. 기도를 침범하지 않기 때문에 기침과 객담이 적으며, 체중이 감소한다.

| 19 | 과목 | 성인간호학 | 난이도 | ●○○ | 정답 | ⑤ |

PLUS TIP 심폐소생술의 절차

㉠ 반응 확인 후, 의식이 없으면 심폐소생술 시행 준비를 한다.
㉡ 주변에 있는 사람 중 한 명을 지목해 도움 요청 및 119 신고 요청을 한다.
㉢ 호흡과 맥박을 확인한다.
㉣ 가슴 압박을 시작한다.
㉤ 가슴 압박 30회 후, 기도를 유지한 상태로 인공호흡을 2회 시행한다.
㉥ 회복이 확인되거나 구급차가 도착할 때까지 가슴 압박과 인공호흡을 30 : 2로 계속 시행한다.

| 20 | 과목 | 간호관리학 | 난이도 | ●●○ | 정답 | ④ |

④ 주의의 의무 : 간호사가 주의 의무를 다하지 않음으로써 환자에게 손해를 입히는 것을 말한다.
① 설명 및 동의의 의무 : 환자가 간호 행위를 받기 전에 충분한 설명을 들을 권리를 말한다.
② 비밀유지의 의무 : 직무상 알게 된 환자에 관한 정보를 공개하지 않을 의무를 말한다.
③ 확인의 의무 : 간호학생, 보조 인력이 간호보조행위를 시행 할 경우 그에 대한 확인의 의무를 말한다.
⑤ 진료 요청에 응할 의무 : 의료인이 진료 요구를 받을 때 정당한 이유 없이 거부하지 못하는 것을 말한다.

| 21 | 과목 | 기본간호학 | 난이도 | ●●○ | 정답 | ① |

욕창은 특정한 부위에 지속적인 압력이 가해져 장기간의 압박이 혈액순환 장애를 일으켜 국소적 조직 괴사, 궤양이 유발된 것을 말한다. 호발 부위는 천골, 대전자, 척추극상돌기, 무릎, 복사뼈 등이 있다. 원인에는 부동, 감각 이상, 마비 등으로 인한 압력, 체중 감소, 영양부족, 습기 등이 있다. 2 ~ 3시간마다 체위 변경을 시행하고 올바른 신체 선열을 유지한다. 욕창 고위험에는 영양 부족으로 인한 체중 감소, 비정상적인 임상결과(WBC, Hb/Hct, 혈청 알부민, 혈청 단백질 등), 체액 불균형, 감각 이상, 마비, 부동 등이 있다.

| 22 | 과목 | 성인간호학 | 난이도 | ●●● | 정답 | ① |

대동맥판막 협착은 주로 노년기에 호발하며 80%가 남성이다. 심근의 산소요구량이 증가하면서 발생한다. 대표 증상으로 DOE, 협심증, 운동 시 실신이 있으며, 후기 증상으로 피로, 허약감, 기좌호흡, 발작성 야간호흡, 폐부종 등이 있다. 우심부전의 증상은 주로 마지막 단계에 나타난다. 대동맥판 역류는 10 ~ 15년 정도 증상 없이 지내는 경우가 많고 몸을 눕히면 심박동이 이상하게 들리고 수축기마다 몸이 흔들거리는 맥압 증상이 나타난다.

| 23 | 과목 | 성인간호학 | 난이도 | ●●● | 정답 | ⑤ |

Heparin은 항응고제로써 antithrombinⅢ의 항응고 작용을 촉진하고, 혈중 농도 유지를 위해 aPTT를 모니터링해야 한다. 출혈 및 혈소판 감소증의 부작용이 있으며 태반은 통과하지 못하므로 임신 중에도 사용할 수 있다.

| 24 | 과목 | 기본간호학 | 난이도 | ●●○ | 정답 | ② |

② 심첨맥박을 측정하여 비정상수치일 경우 의사에게 보고해야 한다.
①⑤ 호흡수와 출혈 위험은 무관하다.
③ 저칼륨혈증은 심부정맥 유발 가능성이 있으므로 혈중칼륨 농도를 확인해야 한다.
④ 이뇨제 병용 시 저칼륨혈증, 저나트륨혈증이 발생할 수 있으므로 함께 복용하지 않는다.

| 25 | 과목 | 병태생리학 | 난이도 | ●●● | 정답 | ④ |

효소성 지방괴사는 지질분해 효소의 작용으로 지방조직이 괴사를 일으키는 세포사이다. 효소단백의 변성으로 단백분해가 차단되어 생기는 것은 응고괴사이다.

✎ 괴사의 종류

㉠ 응고괴사 : 괴사의 가장 흔한 형태로 핵은 소실되었으나 세포의 윤곽은 쉽게 알아볼 수 있다. 효소단백의 변성으로 단백 분해가 차단되어 생기며, 허혈에 의한 세포사가 특징이고 뇌를 제외한 어떤 조직에도 올 수 있다.
㉡ 액화괴사 : 강한 가수분해 효소의 작용으로 발생하며 뇌 조직의 허혈 손상에서 특징적이며 세균 감염병소에서도 나타난다.
㉢ 괴저괴사 : 혈액 공급이 상실된 후 세균 감염이 중복된 경우에 일어난다. 응고괴사가 일어난 후 그 위에 세균과 백혈구에 의한 액화 작용으로 변조가 일어난다.
㉣ 효소성 지방괴사 : 지질분해효소(lipase)의 작용으로 지방조직이 괴사를 일으키는 특수형태의 세포사이다.
㉤ 건락괴사 : 결핵 병소인 육아종성 염증반응에서 볼 수 있는 응고괴사의 일종이다. 괴사부위의 모양이 치즈 덩어리처럼 연하고 회백색이어서 건락이라고 부른다.

| 26 | 과목 | 병태생리학 | 난이도 | ●●○ | 정답 | ⑤ |

양수 색전증은 양수가 산모의 정맥으로 유입되는 것을 말한다. 분만 시 또는 분만 직후에 발생하는 합병증으로 산모 사망의 원인이 된다. 대퇴 심부정맥에서 발생하는 것은 정맥성 색전증이다.

| 27 | 과목 | 지역사회간호학 | 난이도 | ●●● | 정답 | ② |

- ㉠ 사정 : 자료수집 – 분석 – 건강문제 도출
- ㉡ 진단 : 간호문제 도출 – 간호진단 수집 – 우선순위 결정
- ㉢ 계획 : 목표설정 – 간호방법 및 수단 선택 – 집행계획 수립 – 평가계획 수립
- ㉣ 수행 : 직접간호 – 보건교육 – 보건관리(감시, 감독, 조정)
- ㉤ 평가 : 평가대상 및 기준설정 – 평가자료 수집 – 비교 – 가치판단 – 재계획

| 28 | 과목 | 기본간호학 | 난이도 | ●●○ | 정답 | ③ |

③ pH 테스트 종이 위에 흡인한 내용물을 떨어뜨렸을 때 위는 pH 0 ~ 4, 폐나 소장 쪽은 pH 6 ~ 7의 결과가 나온다.
① 위관 튜브가 알맞게 삽입된 경우 주사기로 위 내용물을 흡인하면 위액이 나온다.
② 상복부 검상돌기에 청진기를 대고 주사기로 공기를 주입하면 '쉬익' 소리가 난다.
④ 복부 청진 시 5 ~ 15cc 공기를 주입하는데, 트림이 발생하면 튜브 끝이 식도에 있음을 의미한다.
⑤ 튜브 끝을 물에 넣었을 때 기포가 발생하는 것은 튜브가 호흡기 내에 위치하고 있는 것이다.

| 29 | 과목 | 아동간호학 | 난이도 | ●●● | 정답 | ② |

② 대부분 무증상이나 심한 경우에는 수축기 잡음, 수유 곤란, 저혈압, 빈맥, 심박출량 감소, 운동 시 호흡곤란, 피로, 협심증, 흉통, 실신 등의 증상이 나타날 수 있다.
① 대동맥 판막이 융합되어 좌심실의 부담이 증가하고 체순환량이 감소한다.
③⑤ 심도자술이나 풍선 판막성형술을 시행할 수 있으며 심도자술 시행 시 천자부위의 압박, 출혈 예방이 가장 우선적인 간호이다.
④ 대동맥판협착증은 대동맥판막이 좁아지거나 협착이 되어 좌심실의 혈류 저항, 그로 인한 좌심실 비대, 심박출량 감소, 폐동맥 울혈이 나타나는 것이다.

| 30 | 과목 | 인체생리학 | 난이도 | ●●● | 정답 | ③ |

③ 혈액의 성분 중 80%가 물이고, 18%가 단백질, 나머지 2%는 지방질, 무기질, 비단백성 질소화합물 등으로 구성된다.
① 혈액의 정상 pH는 7.35 ~ 7.45로 약알칼리다.
②④ 성인의 혈액 총량은 체중의 약 8%로 비중은 약 1.06이다. 체중이 약 70kg인 성인의 혈액 총량은 약 5L 정도이다.
⑤ 혈액은 적혈구의 혈색소로 함유된 산소량에 의해 진홍색 또는 선홍색을 나타낸다. 혈액을 원심분리 할 경우, 3층으로 나뉘는데, 가장 아래는 적혈구(45%), 가운데는 백혈구와 혈소판(1% 미만), 맨 위에는 혈장(55%)으로 나뉜다.

| 31 | 과목 | 기본간호학 | 난이도 | ●○○ | 정답 | ④ |

발열기에는 고열 시 미온수로 목욕해야 하며 수분 섭취를 증가시켜야 한다.

✎PLUS TIP 발열의 단계 및 간호중재

㉠ 오한기 : 시상하부가 기준 체온을 정상보다 높게 올려 열 생산의 기전이 일어난다. 오한, 피부 창백, 혈관 수축 등이 나타난다. 담요를 덮어주어 보온하며 수분 섭취를 늘린다.
㉡ 발열기 : 새로 지정된 온도에 도달하여 상승된 체온이 일정 기간 지속되는 기간이다. 갈증, 소변량 감소 등 탈수와 근육통, 기면 상태 등의 증상이 나타난다. 고열 시 미온수로 목욕시키며 수분 섭취를 증가시키고 안정 및 휴식을 취한다.
㉢ 해열기 : 시상하부가 정상 수준으로 기준 체온을 내려 열 소실이 나타나는 기간이다. 발한, 탈수의 가능성이 있으며 수분 섭취 증가, 미온수 목욕 등을 시행한다.

| 32 | 과목 | 기본간호학 | 난이도 | ●●○ | 정답 | ④ |

관절범위 운동을 시행하는 목적은 관절이 굳지 않도록 관절의 기능 향상, 근 수축 예방, 근력 및 운동자각 유지를 위함이다. 또한, 장시간 부동으로 인한 합병증 예방과 보행 준비를 위해 시행한다.

| 33 | 과목 | 간호관리학 | 난이도 | ●●● | 정답 | ④ |

①⑤ 개인차원에 해당하는 직무 스트레스 요인이다.
②③ 조직차원에 해당하는 직무 스트레스 요인이다.

✎PLUS TIP 직무 스트레스의 요인

㉠ 개인 차원 : 역할 과중, 역할 모호성 등이 있다.
㉡ 조직 차원 : 조직 분위기, 경영 관리 스타일, 조직 구조 및 설계, 물리적 환경 등이 있다.
㉢ 집단 차원 : 집단응집력 결여, 지위, 신분상의 문제, 집단 내 및 집단 간 갈등 등이 있다.

| 34 | 과목 | 보건의약관계법규 | 난이도 | ●●○ | 정답 | ⑤ |

처방 의약품 명칭은 처방전의 기재사항으로 이 밖에 환자의 성명 및 주민등록번호, 의료기관의 명칭 및 전화번호·팩스번호, 질병분류기호(단, 환자가 요구한 경우 적지 않는다), 의료인의 성명·면허종류 및 번호, 처방전 발급 연월일 및 사용기간, 의약품 조제 시 참고 사항을 기재 후 서명하거나 도장을 찍어야 한다.

> **PLUS TIP** 진단서 기재 사항
>
> ㉠ 환자의 성명, 주민등록번호 및 주소
> ㉡ 병명 및 질병분류기호
> ㉢ 발병 연월일 및 진단 연월일
> ㉣ 치료 내용 및 향후 치료에 대한 소견
> ㉤ 입·퇴원 연월일
> ㉥ 의료기관의 명칭·주소, 진찰 의사·치과의사 또는 한의사의 성명·면허자격·면허번호

35

| 과목 | 기본간호학 | 난이도 | ●●○ | 정답 | ⑤ |

손 씻기가 필요한 경우는 침습적인 검사 시행 전·후, 오염된 상황(혈액, 체액, 분비물, 배설물 등) 접촉 후, 환자의 수술 부위 및 상처 등을 접촉하기 전·후, 청결 처치 전, 무균적 처치 전, 환자 접촉 전, 투약 전·후 등이 있다.

36

| 과목 | 정신간호학 | 난이도 | ●●● | 정답 | ③ |

③ 수면 전반부에 존재하는 단계는 NREM 1, 2단계이다.
① 깨기 어려운 수면 단계는 NREM 4단계로 가장 깊은 수면을 하는 단계이다.
② REM수면에서는 생리 현상이 증가하여 혈압, 맥박, 호흡이 증가한다.
④ 노인은 NREM 3, 4단계 수면이 감소하고 보상적으로 2단계 수면이 증가한다.
⑤ REM수면에서 뇌파활동이 활발하며 80%는 꿈을 꾼다.

37

| 과목 | 간호관리학 | 난이도 | ●○○ | 정답 | ② |

㉠ 최고관리자 : 대내외적으로 간호 부서를 대표하며 간호부서의 최종적인 권한 및 책임을 가지고 있다. 간호부서의 대변자로 병원의 중요한 의사결정에 참여하며 중요한 회의를 맡아 처리한다.
㉡ 중간관리자 : 간호부서의 정책수립과 업무집행을 시행하며 임상 간호의 발전을 위한 연구를 지휘한다. 적절한 간호가 제공되도록 현장을 지도하고, 간호부서의 전반적인 사항을 간호부서장에게 보고한다.
㉢ 일선관리자 : 수간호사를 말한다. 간호 단위를 대표하여 간호부서 회의에 참여하고 환자의 요구, 간호사의 능력을 파악하여 업무를 배분하는 역할을 한다. 간호의 질 관리를 위해 다양한 연구를 계획한다.

| 38 | 과목 | 정신간호학 | 난이도 | ●○○ | 정답 | ② |

① 긴장성 혼미 : 깨어있으면서 꼼짝하지 않고 모든 자극에 반응을 안 보이는 증상을 말한다.
③ 기행증 : 정상적인 행동같이 보이지만 그 양상이 이상하거나 내용이 없는 것을 말한다.
④ 자동증 : 간단한 명령에 로봇처럼 그대로 따라 하는 것을 말한다.
⑤ 거부증 : 이유 없이 간단한 요구도 거절하는 것을 말한다.

| 39 | 과목 | 기본간호학 | 난이도 | ●●○ | 정답 | ⑤ |

⑤ 복압성 요실금 : 스트레스성 요실금이라고도 하며, 요도 괄약근이 허약해진 상태에서 웃음, 기침, 재채기, 코풀기 등 복압이 상승할 때 발생하는 실금이다.
① 긴박성 요실금 : 방광 용량이 감소한 상태로 갑작스러운 강한 요의와 불수의적인 방광 수축으로 인해 발생하는 실금이다.
② 기능적 요실금 : 불수의적이고 예측할 수 없어 방광 훈련 및 간이 소변기가 필요하다.
③ 반사성 요실금 : 소변이 방광에 일정량 채워지면 반사적으로 방광이 수축되어 배출하는데, 예측이 가능한 간격으로 불수의적으로 일어난다. 척추에서 신경 전달이 차단되어 대상자는 인지를 못하나 반사 자극을 받으면 배뇨한다.
④ 일시적 요실금 : 건강 상태에 따라 일시적으로 나타나며, 건강이 회복되면 자연적으로 증상이 사라진다.

| 40 | 과목 | 간호관리학 | 난이도 | ●●○ | 정답 | ④ |

목표관리는 목표 설정 시 하위자를 참여시켜 자주성과 창의성을 반영하는 관리 방법이다. 조직의 상급 관리자와 하급 관리자가 조직의 공동 목표를 함께 규정하고 각자의 책임 분야를 정하며 기준에 따라 구성원의 기여도를 평가하는 과정이다.

PLUS TIP 목표 관리의 장점과 단점

㉠ 장점 : 업무의 효율화, 자기개발 및 자아실현, 조직 구성원의 활성화, 업적평가와 처우 개선, 통제수단이 될 수 있다는 점이 있다.
㉡ 단점 : 목표의 명확한 제시 어려움, 단기 목표 강조, 지나친 경쟁의식 초래, 환경변화에 대한 신축성이 결여되기 쉽다는 점 등이 있다.

| 41 | 과목 | 간호관리학 | 난이도 | ●●○ | 정답 | ② |

성취동기이론은 매슬로우의 다섯 가지 욕구 중, 상위 욕구가 인간행동의 80%를 설명한다는 주장으로 McClelland가 개발한 이론이다. 기본 욕구로는 친교욕구, 권력욕구, 성취욕구가 있으며 성취동기가 높은 사람은 문제해결에 대해 책임지는 것을 선호하고, 자신의 능력을 발휘하여 자부심을 높이려 한다. 또한, 즉각적인 피드백을 강구하고 적절한 위험을 즐기며 일의 성취로 인한 보상보다는 일 자체의 성취에 관심을 가진다는 특성이 있다.

| 42 | 과목 | 보건의약관계법규 | 난이도 | ●●○ | 정답 | ② |

PLUS TIP 의료법

㉠ 자격정지 등〈의료법 제66조 제1항〉… 보건복지부장관은 의료인이 다음 어느 하나에 해당하면 (제65조(면허 취소와 재교부) 제1항 제2호의2에 해당하는 경우는 제외한다.) 1년의 범위에서 면허자격을 정지시킬 수 있다. 이 경우 의료기술과 관련한 판단이 필요한 사항에 관하여는 관계 전문가의 의견을 들어 결정할 수 있다.

1. 의료인의 품위를 심하게 손상시키는 행위를 한 때
2. 의료기관 개설자가 될 수 없는 자에게 고용되어 의료행위를 한 때

2의 2. 일회용 의료기기를 한 번 사용한 후 다시 사용한 때

3. 진단서·검안서 또는 증명서를 거짓으로 작성하여 내주거나 진료기록부 등을 거짓으로 작성하거나 고의로 사실과 다르게 추가기재·수정한 때
4. 태아 성 감별 행위 금지를 위반한 때
5. 삭제 〈2020.12.29〉
6. 의료기사가 아닌 자에게 의료기사의 업무를 하게 하거나 의료기사에게 그 업무 범위를 벗어나게 한 때
7. 관련 서류를 위조·변조하거나 속임수 등 부정한 방법으로 진료비를 거짓 청구한 때
8. 삭제 〈2011.8.4〉
9. 경제적 이익 등을 제공받은 때
10. 그 밖에 이 법 또는 이 법에 따른 명령을 위반한 때

㉡ 무면허 의료행위 등 금지〈의료법 제27조 제5항〉… 누구든지 의료인이 아닌 자에게 의료행위를 하게 하거나 의료인에게 면허 사항 외의 의료행위를 하게 하여서는 아니 된다.

| 43 | 과목 | 간호관리학 | 난이도 | ●●○ | 정답 | ③ |

명령 통일의 원리는 의사 전달 혼란을 방지하고 책임 소재를 명확히 하기 위해 한 명의 상사에게 직접 지시를 받고 보고해야 한다는 원리이다.

| 44 | 과목 | 아동간호학 | 난이도 | ●○○ | 정답 | ④ |

④ 인슐린 의존성 당뇨병(1형 당뇨병)은 인슐린 형성 능력이 없으므로 경구용 혈당저하제가 아닌 인슐린 치료가 반드시 필요하다.
①②③⑤ 인슐린 비의존성 당뇨병(2형 당뇨병)에 대한 설명이다.

| 45 | 과목 | 간호관리학 | 난이도 | ●●○ | 정답 | ③ |

1973년에 의료법이 개정되었다. 간호고등기술학교가 폐지되며 간호사 면허 외에도 보건, 마취, 정신 간호사 등 업무별 간호사가 인정되었다. 또한 간호사 보수교육의 명문화가 시행되었으며 입원환자가 50인 미만인 병원에서 간호조무사 채용을 허락하였다.

| 46 | 과목 | 여성건강간호학 | 난이도 | ●●● | 정답 | ③ |

① Mcdonald's sign : 경부 반대쪽으로 자궁 체부가 기울어짐
② Hegar's sign : 자궁 협부의 연화
④ Braunvon Fernwald's sign : 착상 부위의 불규칙한 부드러움과 크기 증가
⑤ Ladin's sign : 자궁 체부와 경부 접합부 근처의 중앙부 앞면에 부드러운 반점

| 47 | 과목 | 여성건강간호학 | 난이도 | ●○○ | 정답 | ③ |

① 매일 정확한 시간에 복용해야 하며, 복용을 잊었을 경우에는 정해졌던 복용시간 12시간 이내에 복용한다. 12시간 이후에는 다음날 정해진 시간에 복용하도록 한다.
② 콘돔에 대한 설명이다.
④ 혈전성 정맥염, 유방암, 심혈관 장애, 고혈압, 고지혈증, 간 기능 장애, 당뇨, 생식기 비정상 출혈 등이 있는 경우에는 사용을 금지한다.
⑤ 정관절제술에 대한 설명이다.

| 48 | 과목 | 지역사회간호학 | 난이도 | ●●● | 정답 | ② |

① 실물은 소집단에게만 적합하다.
③ 융판은 쉽게 표현 가능한 것으로 섬세한 설명이 불가능하여 저학년일 때 유용하다.
④ 벽보는 흥미를 가진 학습자들만 자발적으로 학습할 수 있으며 장기간 게시하거나 배치가 좋지 않을 경우 정보 전달 효과가 저하된다.
⑤ 실물 환등기는 실물을 영시하여 보여주므로 암막을 사용해야 선명하게 보여줄 수 있으므로 비용이 소모된다.

| 49 | 과목 | 정신간호학 | 난이도 | ●●○ | 정답 | ④ |

활동 단계는 대상자의 행동 변화를 촉진하는 단계이다. 종결 단계에 진행사항과 목적달성 여부를 평가한다.

PLUS TIP 치료적 인간관계의 단계

㉠ 상호작용 전 단계 : 자기탐색 과정으로 대상자와의 관계 형성 전 자신에 대한 자기분석을 시행하여 편견, 선입견 등을 확인한다.
㉡ 오리엔테이션 단계 : 대상자의 이름을 알고 자기소개를 시행한다. 개방적 의사소통 및 신뢰감으로 협력 관계를 형성시킨다.
㉢ 활동 단계 : 초기 단계에서 세운 목표를 달성하기 위한 적극적인 행동을 하는 단계로 대상자의 행동 변화를 촉진한다.
㉣ 종결 단계 : 진행 사항과 목적달성 여부에 대해 평가하는 단계이다. 종결이 스트레스를 유발할 수 있으니 대상자가 관계를 끝낼 준비가 되었는지 여부를 판단하여야 한다.

| 50 | 과목 | 간호관리학 | 난이도 | ●●● | 정답 | ⑤ |

① 서열법은 직무를 최상위부터 최하위까지 비교, 평가하여 순위별로 계층화한 것이다.
②③ 직무등급법은 직무분류법이라고도 하며 직무를 사전에 만들어 놓은 등급에 따라 평가하는 방법이다.
④ 점수법은 직무의 가치를 점수로 나타내어 평가한 것이다.

제 04 회 정답 및 해설

1	2	3	4	5	6	7	8	9	10
⑤	④	②	⑤	④	②	⑤	④	⑤	④
11	12	13	14	15	16	17	18	19	20
⑤	①	④	①	④	②	④	④	①	③
21	22	23	24	25	26	27	28	29	30
③	①	③	⑤	③	⑤	①	③	②	⑤
31	32	33	34	35	36	37	38	39	40
②	⑤	⑤	④	④	④	②	①	④	②
41	42	43	44	45	46	47	48	49	50
⑤	②	⑤	③	③	③	②	④	③	③

1 | 과목 | 성인간호학 | 난이도 | ●○○ | 정답 | ⑤ |

① 심인성 쇼크 : 심실성 빈맥, 심근경색증, 심실세동, 심장수축 부전 등이 나타난다.
② 패혈성 쇼크 : 패혈증에 의한 분배성 쇼크로 수포음, 폐울혈, 의식변화 등이 나타난다.
③ 신경성 쇼크 : 피부 변온현상, 신경계 이상 등이 나타난다.
④ 아나필라틱 쇼크 : 제1형 즉시형 과민성 알레르기 반응으로 나타난다. 기도유지, 산소공급, 에피네프린 · 기관지 확장제 · 항히스타민제 투여가 필요하다.

✎ PLUS TIP 정상호흡수 : 16 ~ 20회/min

2 | 과목 | 성인간호학 | 난이도 | ●○○ | 정답 | ④ |

A형 간염은 분변-구강 경로에 의해 감염되므로 일회용 식기 사용과 대소변 후에 위생관리를 하고 환자에게 손 씻기의 중요성을 교육한다. 간 기능이 약화되었을 땐 단백질, 나트륨 섭취를 제한한다.
④ B형 간염은 혈액과 성 접촉 등으로 감염되므로 혈액 취급 시 장갑과 가운을 착용한다.

| 3 | 과목 | 병태생리학 | 난이도 | ●○○ | 정답 | ② |

세포 비대는 기능적 부하의 증가 또는 호르몬에 대한 반응으로 발생한다.

세포의 적응

세포는 정상 상태에서 환경의 변화에 항상 적응하려 한다. 세포 적응은 호르몬이나 내인성 화학물질에 의해 정상적인 자극에 반응하는 생리적 적응과 여러 가지 물질의 이상 자극에 대해 반응하는 병적 적응으로 분류된다. 세포 적응에 의해 나타나는 양상은 다양하나 주로 증식, 비대, 위축, 화생의 변화로 나타난다.

- ㉠ 증식 : 기능 항진을 유발하는 자극에 의해 장기나 조직의 세포 수가 증가하는 것을 말하며, 결국 장기나 조직의 부피가 증가한다.
- ㉡ 비대 : 조직을 구성하는 세포가 원래의 구조를 유지하면서 부피만 증가하는 것을 나타내며, 기능적 부하의 증가 또는 호르몬에 대한 반응으로 발생한다.
- ㉢ 위축 : 세포질의 상실로 세포의 크기 및 기능이 감소하는 경우로 혈류 공급의 감소, 신경 지배의 상실, 영양장애, 노화 등이 원인이 된다.
- ㉣ 화생 : 성숙된 세포가 지속적인 만성 자극에 의해 다른 형태의 성숙된 세포로 대치되는 경우를 말하며, 원주상 피세포가 편평세포로 대피되는 경우가 제일 흔하다.

| 4 | 과목 | 병태생리학 | 난이도 | ●○○ | 정답 | ⑤ |

⑤ 위 억제성 펩티드(GIP)는 위의 기능을 억제하고 인슐린의 분비를 촉진한다.
①② 가스트린(Gastrin)은 위액·위산 분비 및 위 운동성을 촉진하는 기능을 한다.
③ 콜레시스토키닌(CCK)은 췌장의 소화효소 분비를 촉진하고 담낭 수축에 관여하여 담즙 분비를 촉진한다.
④ 시크레틴(Secretin)은 위산을 중화하는 기능을 한다.

| 5 | 과목 | 정신간호학 | 난이도 | ●○○ | 정답 | ④ |

원하는 수면 시간에 도달할 때까지 취침 시간을 지연시키도록 하는 것은 일주기 리듬 수면의 중재이다.

🖉PLUS TIP 불면증

불면증은 뚜렷한 신체적, 정신적 원인 없이 잠을 자지 못하거나 수면 상태를 유지하지 못하는 장애이다. 주말 포함 기상 시간을 지키며, 낮에 불필요한 낮잠은 피하도록 한다. 아무리 적게 자도 다음날 제시간에 일어나 규칙적인 수면 시간을 갖도록 한다. 또한, 수면과 관계없는 자극은 침실에서 제거하고, 술, 담배, 각성음료 등 중추신경계 작용물질은 피해야 한다. 낮에는 적당한 활동량과 자극량을 유지하며, 밤에 잠이 오지 않아 초조하거나 화가 날 땐 억지로 자려고 하지 말고 불을 켜고 침실에서 나와 다른 무언가를 하도록 한다. 억지로 자려고 애쓰면 각성을 더 악화시킬 수 있다.

| 6 | 과목 | 간호관리학 | 난이도 | ●●● | 정답 | ② |

①③ 기사간호단: 군사간호단이라고도 하며 남성 군인들로 구성된 간호단이다. 전쟁과 간호를 동시에 하며 오늘날의 앰뷸런스 역할을 하였다.
④ 자선간호단: 병원개선과 자선 간호를 통해 사회개혁을 한 단체이다. 근대 직업간호사 제도의 기초가 되었다.
⑤ 카이저스베르트 간호사 양성소: 나이팅게일이 유일하게 정규교육을 받은 곳으로 최초의 근대 여집사 간호단을 창설하였다.

| 7 | 과목 | 성인간호학 | 난이도 | ●●● | 정답 | ⑤ |

⑤ 마른 음식은 기침을 유발하고 우유는 타액과 객담의 농도를 진하게 하므로 섭취를 피한다.
① 숨을 쉬는 것이 어려울 땐 상체를 앞으로 숙여 호흡을 촉진한다.
② 하루 2 ~ 3L 수분을 섭취하여 기도를 청결하게 한다.
③ 흡연자는 니코틴 패치를 붙여서라도 금연해야 한다.
④ 소량씩 자주 고단백, 고칼로리 식이로 적절한 영양을 공급한다.

| 8 | 과목 | 여성간호학 | 난이도 | ●●● | 정답 | ④ |

④ 태아가 사망한 경우 혹은 태아가 미숙아면 제왕절개는 금기이다.
① 모체가 중증 심장병, 자간전증과 같은 고혈압성 질환, 당뇨병 등이 있을 때 제왕절개를 고려한다.
② 과거 제왕절개 분만의 경험이 있는 경우 또는 자궁수술의 경험이 있는 경우 제왕절개를 시행한다.
③ 태아의 아두골반 불균형은 제왕절개의 가장 흔한 원인이다.
⑤ 전치태반 혹은 태반조기박리 시에는 제왕절개를 시행한다.

| 9 | 과목 | 병태생리학 | 난이도 | ●●● | 정답 | ⑤ |

유방암의 아형은 침윤성 관암, 소엽암, 수질암, 파제트병, 점액암으로 나뉘며 침윤성 관암이 임상적 예후가 가장 좋지 않다.

🖊PLUSTIP 여성 유방의 종양

㉠ 섬유샘종 : 양성 종양으로 주위와 경계가 분명한 결절을 형성한다. 간질과 유관의 양쪽 성분으로 된 종양 중에서 간질성분의 증식이 현저한 것을 엽상 종양이라고 부른다. 20대와 30대에 호발한다.
㉡ 관내유두종 : 유두관내의 상피세포가 유두상으로 증식하는 양성 종양이다. 유관의 상피세포와 그 외측에 있는 근상피세포가 이층성의 배열을 유지하고 결합 조직성 간질을 심지로 해서 유두상의 구조를 나타낸다.
㉢ 유방암 : 40 ~ 50대에 호발하며 유방의 상외측 4분원에 가장 많이 생긴다. 암세포가 유관 내에 머무는 것을 비침윤암, 기저막을 파괴해 침윤하는 것을 침윤암이라고 부른다.

| 10 | 과목 | 성인간호학 | 난이도 | ●●○ | 정답 | ④ |

④ 두개내압이 상승한 환자, 유두 부종 환자, 뇌종양이 의심되는 환자는 뇌척수액의 갑작스러운 제거로 뇌구조가 대후두공으로 탈출되어 연수의 생명 중추에 압력이 가해질 수 있으므로 요추 천자를 시행하면 안 된다.
① 척수 신경이 L1 - 2까지 내려와 있으므로 L3 - L4 또는 L4 - L5 사이에 요추 천자를 시행해야 신경 손상을 줄일 수 있다.
② 정상적인 뇌척수압은 60 ~ 180mmH$_2$O(5 ~ 15mmHg)이며 상승 시 뇌내출혈, 종양, 부종이 의심된다.
③ 정상적인 뇌척수액은 무색, 투명하며 혼탁 시 감염이 의심된다.
⑤ 요추 천자 후에는 척수성 두통을 감소시키기 위해 머리를 들지 않고 반듯한 자세로 누워 있어야 한다.

| 11 | 과목 | 간호관리학 | 난이도 | ●●● | 정답 | ⑤ |

영국의 영향을 받은 오스트리아에서는 조산학 대학과 연계된 학교에서 지방자치 비용으로 교육하였다.

🖊PLUSTIP 모관제도

독일의 모관제도는 수녀원 풍토를 간호계에 도입한 것으로 간호계 발전을 저해하는 요소로 작용하였다. 학교를 졸업한 간호사들은 졸업 후에도 계속 이 제도와 연결되어 졸업 후의 생활을 제재 받았으며, 강요된 생활, 낮은 급료로 인한 질병, 빈곤 등에 시달렸다. 맹목적이고 뿌리 깊은 신념으로 모관의 개혁을 쉽게 이룰 수 없었다.

| 12 | 과목 | 기본간호학 | 난이도 | ●●○ | 정답 | ① |

심폐소생술 시 가슴압박과 인공호흡의 비율은 30:2로 시행하여야 한다.

✎PLUS TIP 심폐소생술의 기본 순서

심폐소생술의 기본 순서는 'C(compression 가슴압박) – A(Airway 기도개방) – B(Breathing 인공호흡)'이다. 먼저 대상자의 의식 확인 후 도움 요청 및 119 신고를 하고 맥박을 확인한다. 그리고 심폐소생술을 시행한다. 가슴압박은 5 ~ 6cm 정도의 깊이로 하며 속도는 100 ~ 120회/분이 적당하다. 인공호흡은 대상자의 머리를 젖히고 턱을 올려 기도를 개방한 상태에서 시행한다. 가슴 압박 30회 시행 후 인공호흡 2회를 실시하며 구조대가 올 때 까지 30:2 비율로 계속 반복한다.

| 13 | 과목 | 성인간호학 | 난이도 | ●○○ | 정답 | ④ |

ⓔ 문제해결능력 저하와 ⓜ 지남력 상실은 알츠하이머의 증상이다.

✎PLUS TIP 파킨슨병

뇌 안의 도파민이 부족해서 발생하는 만성 퇴행성 중추신경 장애로 전형적인 3대 증상으로는 진전, 강직, 운동 완서증이 있다. 그 외에도 운동 불능, 운동 개시 곤란, 체위의 불안정, 가속 보행, 가면 같은 얼굴, 소서증 등이 있다.

| 14 | 과목 | 성인간호학 | 난이도 | ●●○ | 정답 | ① |

② 쿠스마울 호흡(kussmaul's)
③ 과다호흡(hyperventilation)
④ 빈호흡(tachypnea)
⑤ 비오호흡(biot's breathing)

| 15 | 과목 | 성인간호학 | 난이도 | ●○○ | 정답 | ④ |

④ 심인성 쇼크는 화상, 출혈, 탈수 등에 의한 체순환 혈액량 감소로 발생하며 빈맥, 저혈압, 맥압 저하 등의 증상이 나타난다. 산소를 투여해주고 심근경색 및 부정맥 조절을 위해 약물을 투여한다.
① 저혈량성 쇼크의 원인으로 수축기 혈압이 저하되고 맥박이 100회 이상으로 빨라진다.
② 패혈성 쇼크의 원인으로 안절부절 하고 호흡성 산증이 나타난다.
③ 아나필라틱 쇼크의 원인으로 혈압 저하, 혈관 확장으로 인한 두통, 의식 수준 저하 등의 증상이 나타난다.
⑤ 신경성 쇼크의 원인으로 서맥, 저혈압 등의 증상이 나타난다.

| 16 | 과목 | 기본간호학 | 난이도 | ●●● | 정답 | ② |

뼈 조직의 손상은 4도 화상의 상처다.

| 17 | 과목 | 성인간호학 | 난이도 | ●○○ | 정답 | ④ |

④ 췌장암은 혈액검사에서 lipase, amylase가 상승하며, 극심한 통증이 밤에 더 악화되어 통증으로 인해 밤에 자주 깬다.
①②③ 간암에 대한 설명이다. 간암 진단 시 혈액검사에서 ALT/AST(OT/PT) 수치가 상승하며, 손상된 간세포가 알부민을 합성하지 못해 A/G ratio(Albumin – Globulin 비율)이 감소한다. 또한, 전신 부종, 황달, 심한 복수 등의 증상이 나타난다.
⑤ 담낭염 또는 담석증은 견갑골 방사통 담즙의 피부 배출로 소양감을 느끼게 된다.

| 18 | 과목 | 기본간호학 | 난이도 | ●●○ | 정답 | ④ |

④ 안전과 안정의 욕구 : 안전과 안정의 욕구는 신체적 및 감정적 위협으로부터 보호되고 안전해지길 바라는 욕구로, 활동, 탐구, 물리적·사회적·심리적 환경 안정 등이 있다.
① 생리적 욕구 : 삶을 유지하기 위한 가장 기초적인 욕구로 최우선되어야 하는 것이다.
② 자아실현의 욕구 : 지속적인 자기발전을 통해 성장하고 잠재력을 극대화하여 자아를 완성하려는 욕구다.
③ 자아존중의 욕구 : 내적으로는 자존감과 자율을 성취하고 외적으로는 타인으로부터 인정받고자 하는 욕구다.
⑤ 사랑과 소속감의 욕구 : 집단에 소속되거나 친교를 나누고자 하려는 욕구다.

| 19 | 과목 | 성인간호학 | 난이도 | ●●○ | 정답 | ① |

수술 전에는 2.5L ~ 3L/일 정도의 충분한 수분을 섭취해 노폐물을 배출하도록 한다. 그리고 수술 후에 2달 동안은 무거운 물건을 들거나 힘든 운동, 변비, 오래 앉아 있기 등 압력이 가해지는 행위는 제한하도록 하며 3주간은 성생활을 제한하도록 한다. 또한, 방광을 자극하는 음식은 제한하도록 하며 수술 후에 발기부전을 겪는 사람은 드물다는 사실을 교육해 불안감을 감소시켜 준다.

| 20 | 과목 | 성인간호학 | 난이도 | ●●○ | 정답 | ③ |

③ 수술 직후에는 원활한 혈액 순환을 위해 환측 사지를 상승시킨다.
① 동정맥루가 있는 사지에는 정맥주사, 채혈, 혈압 측정 등을 하지 않는다.
② 혈관 통로가 막히지 않았는지 매일 자주 진동(thrill) 및 잡음(bruit)을 확인한다.
④ 동정맥루 수술 한 달 후부터 혈관이 성숙해져 투석이 가능하다.
⑤ 수술 후 2일부터 부종과 통증이 없어지면 공 주무르기 등의 운동을 시작한다.

| 21 | 과목 | 간호관리학 | 난이도 | ●●○ | 정답 | ③ |

제3차 개정 이유는 변화하는 의료 환경과 사회에서 간호사의 능동적인 대처와 윤리적인 책무를 규명하기 위해서다. 대상자의 권리, 자율성의 중요성의 증가는 제2차 개정 이유 중 하나다.

| 22 | 과목 | 성인간호학 | 난이도 | ●●● | 정답 | ① |

② 안정형 협심증으로 인한 통증은 휴식이나 혈관확장제(nitroglycerin) 투약으로 완화된다.
③ 저염 식이, 저지방 식이로 체중 조절을 하도록 한다.
④ 과도하지 않은 규칙적인 운동을 하도록 교육한다.
⑤ 투약 시 작열감이 있어야 정상이며 작열감이 감소하면 약을 교체한다.

| 23 | 과목 | 간호관리학 | 난이도 | ●●○ | 정답 | ③ |

① 효과적인 의사소통 능력과 관계 형성 관리 등 의사소통과 관계 형성 구축에 대한 역량이 필요하다.
② 임상 실무, 보건의료정책 등에 대한 지식이 필요하다.
④ 체계적인 사고와 지속적 기획, 변화 관리 등에 대한 리더십이 필요하다.
⑤ 인적자원 관리, 마케팅 등을 위해 경영기술이 필요하다.

| 24 | 과목 | 지역사회간호학 | 난이도 | ●●● | 정답 | ⑤ |

⑤ 별형 : 전입형 또는 도시형으로 청·장년층 및 유년층 등의 생산연령층 유입이 많다.
① 피라미드형 : 출생률과 사망률이 모두 높은 저개발국가형이다.
② 종형 : 출생률과 사망률이 모두 낮은 선진국형이다. 인구 노령화 현상으로 노인인구문제를 초래한다.
③ 항아리형 : 출생률과 사망률이 모두 낮고 출생률이 사망률보다 낮아 인구가 감소하는 감퇴형이다.
④ 호로형 : 전출형 또는 농촌형으로 청장년층의 유출과 출생률 저하로 유년층의 비율이 낮다.

| 25 | 과목 | 기본간호학 | 난이도 | ●●○ | 정답 | ③ |

폐포의 과다 환기 증상으로는 빈맥, 흉통, 가벼운 두통, 사지 저림, 집중력 감퇴, 심장마비 등이 있고, 폐포의 과소 환기 증상으로는 어지러움, 지남력 상실, 심부정맥, 경련, 심장마비, 기면, 무력, 홍조 피부 등이 있다.

| 26 | 과목 | 기본간호학 | 난이도 | ●●○ | 정답 | ⑤ |

상황이 발생한 시간, 장소, 방법을 정확하게 기록해야 하므로 미리 기록하지 않는다.

| 27 | 과목 | 간호관리학 | 난이도 | ●●○ | 정답 | ① |

② 효율성 : 특정 건강 수준을 획득하는 데 사용한 비용의 정도
③ 접근성 : 시간이나 거리 등 요인에 의해 비용에 제한을 받는 정도
④ 지속성 : 의료 서비스의 시간적, 지리적 연결 정도와 상관성
⑤ 수용성 : 의료의 효과에 대한 환자의 기대

| 28 | 과목 | 기본병리학 | 난이도 | ●●○ | 정답 | ③ |

① 감기의 원인이 되는 것은 대부분 리노바이러스이다.
② 인플루엔자 바이러스는 상기도 감염은 일시적으로 자연 치유된다. 상기도에 국한한 감염은 리노바이러스이다.
④ 귀밑샘을 침범하거나 다른 침샘을 침범하는 급성 접촉성 바이러스는 볼거리(유행귀밑샘염)이다.
⑤ 나선형의 RNA 구조를 가지고 있는 것은 소화기계를 침범하는 로타바이러스이다.

| 29 | 과목 | 성인간호학 | 난이도 | ●●● | 정답 | ② |

② 외전 상태를 유지하기 위해 다리 사이에 베개를 두고 자야 한다.
①⑤ 고관절 전치환술 후에는 탈구 예방을 위해 높은 변기나 팔걸이가 있는 의자를 사용한다.
③ 말단 부위의 내·외회전은 삼가도록 한다.
④ 주치의 허락 없이는 수술 부위로 눕지 않도록 주의한다.

| 30 | 과목 | 간호관리학 | 난이도 | ●●● | 정답 | ⑤ |

정의의 원칙은 공정함과 공평함에 관련된 것으로 장기이식, 응급실에서의 응급환자 분류체계 등에 적용된다. 환자에게 모든 정보를 제공해 주어 시행될 치료에 대해 자발적으로 동의하고 협조하게 하는 것은 자율성 존중의 원칙에 해당한다.

| 31 | 과목 | 기본간호학 | 난이도 | ●○○ | 정답 | ② |

② 팔이 심장보다 낮을 때 혈압이 높게 측정된다.
①③④⑤는 혈압이 낮게 측정되는 경우에 해당된다.

PLUS TIP 혈압 측정 주의사항

㉠ 혈압이 높게 측정되는 경우 : 커프가 너무 좁거나 느슨할 때, 밸브를 너무 천천히 풀 때, 활동 직후, 수은 기둥이 눈높이보다 높을 때, 팔이 심장보다 아래에 있을 때
㉡ 혈압이 낮게 측정되는 경우 : 너무 넓은 커프를 사용했을 때, 팔을 심장보다 높게 했을 때, 수은 기둥이 눈높이보다 낮을 때, 밸브를 너무 빨리 풀 때, 충분한 공기를 주입하지 않았을 때

| 32 | 과목 | 기본간호학 | 난이도 | ●○○ | 정답 | ⑤ |

일반적인 검진 순서는 '시진 - 촉진 - 타진 - 청진' 순서로 진행하나, 복부 검진 시에는 촉진과 타진 시 장음의 변화가 있을 수 있어 '시진 - 청진 - 타진 - 촉진' 순서로 진행한다.

| 33 | 과목 | 기본간호학 | 난이도 | ●●○ | 정답 | ⑤ |

① 구풍 관장은 가스로 인한 복부 팽만을 완화시키기 위하여 시행한다.
② 수렴 관장은 출혈을 막기 위해 시행한다.
③ 배출 관장은 대변을 배출하기 위해 시행한다.
④ 영양 관장은 수분과 영양분을 투여하기 위해 시행한다.

| 34 | 과목 | 기본간호학 | 난이도 | ●●● | 정답 | ④ |

과호흡은 호흡률과 깊이가 증가하여 일호흡용적이 증가한 호흡이다. 보통 운동할 때 나타난다.

✏️PLUS TIP 호흡의 종류

㉠ 정상호흡 : 흡기와 호기가 규칙적이고 일호흡용적은 500ml 정도이며 호흡률은 12 ~ 20회/분이다.
㉡ 서호흡 : 호흡률이 비정상적으로 느리나 규칙적이다.
㉢ 빈호흡 : 호흡률이 비정상적으로 빠르나 일호흡용적은 감소된 호흡니다.
㉣ 과호흡 : 호흡률과 깊이가 증가되어 일호흡용적이 증가된 호흡이며 보통 운동 시에 생긴다.
㉤ 무호흡 : 호흡이 없는 상태이며 계속적이면 호흡정지라 한다.
㉥ 체인 스톡 호흡 : 호흡이 불규칙하며 무호흡과 과도호흡이 교대로 일어난다. 호흡은 느리고 얕은 호흡으로 시작하여 깊이와 속도가 점점 증가한다. 다시 호흡이 점차 느려지고 얕아졌다가 10 ~ 20초간 무호흡이 있고 난 뒤 다시 호흡을 시작하는 것을 반복한다.
㉦ 쿠스마울 호흡 : 비정상으로 깊고 빠른 호흡이며 규칙적이다. 당뇨병이나 케톤산증이나 신부전 환자에게 나타난다.
㉧ 비오 호흡 : 뇌손상, 뇌막염 등으로 호흡 기능이 떨어져 얕은 호흡과 무호흡이 교대로 나타난다.

| 35 | 과목 | 기본간호학 | 난이도 | ●○○ | 정답 | ④ |

활력징후를 측정해야 하는 경우는 입원 시, 정규적인 처방, 활력징후에 영향을 주는 약물 투여 시, 활력징후가 비정상적일 시, 수술 시, 환자 상태가 급격히 변할 시, 환자가 주관적 신체 변화 증상을 호소할 시, 수혈 전·중·후, 침습적인 검사 전·후에 시행한다.

| 36 | 과목 | 기본간호학 | 난이도 | ●●● | 정답 | ④ |

④ 감염 예방을 위해 주입용 튜브를 24시간마다 교환해야 한다.
① 빨리 투여될 경우 삼투성 이뇨, 탈수가 일어나므로 철저한 관리가 필요하다.
② TPN 용액을 다른 약물, 혈액과 같은 관으로 투여하면 세균 감염의 위험이 있어 금기한다.
③ 투여 중단 시 용량을 서서히 감량해서 중단하여야 합병증 발생의 위험이 줄어든다.
⑤ 인슐린 분비가 TPN에 의해 증가한 혈당을 조절하기에 무리가 있을 수 있으므로 혈당 조절에 신경을 써야 한다.

| 37 | 과목 | 정신간호학 | 난이도 | ●○○ | 정답 | ② |

① 반영 : 대상자의 주요 생각을 새로운 언어로 반복해주는 것을 말한다.
③ 명료화 : 대상자의 말을 이해하지 못하거나 설명을 필요로 할 때 사용한다.
④ 재진술 : 대상자의 주요 내용을 한두 마디 정도 반복하여 이해하고 있음을 전달하는 것이다.
⑤ 정보 제공 : 적절한 결정을 돕기 위해 필요한 지식과 정보를 제공하는 것이다.

| 38 | 과목 | 간호관리학 | 난이도 | ●●○ | 정답 | ① |

①② 국제간호협의회(ICN) : 독립적인 비정부기구로 간호사의 자질 및 전문직으로서의 지위 향상을 목적으로 설립되었으며, 국제적으로 가장 오래된 직업 여성단체이다.
③ 세계보건기구(WHO) : 세계 온 인류의 건강을 가능한 최고 수준으로 도달하게 하는 것이 목표이다.
④ 국제적십자사(ICRC) : 전시나 사변 시 상병자, 어린이 등 취약계층의 간호, 보호를 위해 설립되었다.
⑤ 국제연합(UN) : 전쟁방지와 평화유지를 위해 설립된 국제기구이다.

| 39 | 과목 | 성인간호학 | 난이도 | ●●○ | 정답 | ④ |

췌장에서 분비되는 인슐린은 혈당을 낮추는 역할을 한다. 그 외에 글루카곤, 카테콜라민, 당질코르티코이드, ACTH, 갑상샘 호르몬, 성장호르몬은 혈당을 올리는 역할을 한다. 안지오텐신은 혈압을 높이는 호르몬 중 하나다.

| 40 | 과목 | 기본간호학 | 난이도 | ●●○ | 정답 | ② |

신생아는 액와 및 고막 체온이 가장 안전하며 영아는 주변 환경의 미세한 온도 변화에 민감하다. 노인은 비정상적인 혈관 수축반응 및 오한 불능으로 저체온의 위험성이 크다. 모든 사람의 정상 체온 범위는 다르며 여성보다 남성의 체온 변화가 심하다. 어린이의 액와 체온 측정 시 팔을 지지해 주어야 한다.

| 41 | 과목 | 간호관리학 | 난이도 | ●●● | 정답 | ⑤ |

① 브레인스토밍 : 아이디어 제안을 대면으로 제시하여 집단 토의를 하는 방법이다.
② 명목집단기법 : 대화나 토론 없이 의견을 제출하고 구성원 간 토론을 거쳐 투표로 의사를 결정하는 방법이다.
③ 전자회의 : 컴퓨터 기술과 명목집단기법을 혼합한 것이다.
④ 브레인라이팅 : 원으로 앉아 옆의 참가자에게서 돌아온 시트에 아이디어를 추가하는 방법이다.

| 42 | 과목 | 기본간호학 | 난이도 | ●●○ | 정답 | ② |

② 폐쇄형 질문의 장점은 질문과 대답이 효과적으로 통제되어, 환자가 대답하기가 편하다. 또한, 시간 소요가 적으며 환자의 반응을 기록하기가 쉽다. 그리고 면담자가 능숙하지 않아도 수행할 수 있다.
①③④⑤ 개방형 질문의 장점에 해당된다.

| 43 | 과목 | 아동간호학 | 난이도 | ●○○ | 정답 | ⑤ |

모유수유의 장점은 적절한 양의 단백질, 많은 양의 락토즈(lactose) 함유, 많은 양의 불포화 지방산 함유, 적절한 양의 무기질 함유, 면역글로불린, 림프구, 중성구 등의 박테리아 성장을 억제해 면역학적 이점 제공, 경제적이고 위생적, 수유를 통한 촉각 자극, 산모의 자궁 수축 촉진 등이 있다. 모유는 실온에서 4 ~ 6시간 정도는 놓아두었다가 먹일 수 있으나 먹다 남긴 모유는 세균 성장의 배지가 될 수 있어 설사를 유발할 가능성이 있으므로 버려야 한다. 냉장 보관 시 72시간까지 보관할 수 있으나 가능하면 24시간 이내에 먹이는 것이 좋다.

| 44 | 과목 | 아동간호학 | 난이도 | ●○○ | 정답 | ③ |

③ 분비물 배액 및 흡인 방지를 위해 엎드려 눕거나 측위를 취한다.
① 기침이나 빨대 사용, 설압자 사용은 수술 부위를 자극할 수 있어 금한다.
② 통증을 완화시키기 위해 ice collar를 적용한다.
④ 혈액과 혼동되므로 붉은색, 갈색 음식은 섭취하지 않는다.
⑤ 아동이 침을 지속적으로 삼키는 행동을 보인다면 출혈을 의심한다.

| 45 | 과목 | 간호관리학 | 난이도 | ●●○ | 정답 | ③ |

①② 사슬형은 두 사람 사이에서 의사소통하면서 릴레이 형식으로 정보를 신속하고 정확하게 전달할 수 있으나 사기 저하의 우려가 있고 융통성이 낮다.
④ 원형은 위원회나 대책위원회같이 공식적인 리더가 있으나 권력의 집중되지 않고 지위의 고하가 없다.
⑤ Y형은 특정 리더는 없지만, 집단을 대표하는 인물이나 의사소통 조정자가 있는 경우이다. 서로 다른 집단 간 조정이 필요할 때 유용하다.

| 46 | 과목 | 기본간호학 | 난이도 | ●○○ | 정답 | ③ |

근육 주사 가능 부위로는 삼각근 중앙 부위, 둔부의 배면 부위, 둔부의 복면 부위, 대퇴부위가 있고, 피하 주사 가능 부위로 상박, 대퇴 전면과 측면 부위, 복부가 있다.

| 47 | 과목 | 간호관리학 | 난이도 | ●●● | 정답 | ② |

직무 순환은 직무를 바꾸어 수행하도록 순환시켜 다양한 직무를 수행할 수 있게 하는 것이다. 직무 확대 시 과업의 수와 종류가 증가할 수 있다.

PLUS TIP 직무 설계 방법

㉠ 직무 단순화 : 전통적인 접근 방법으로 한 사람의 과업의 수를 줄여 직무를 단순화시키는 것이다. 직무의 전문성과 능률, 합리성, 생산성을 강조한다.
㉡ 직무 순환 : 직무를 바꾸어 수행하도록 하여 다양한 과업을 수행할 수 있도록 하는 것이다. 직무 확대는 과업의 수와 종류를 증가시켜 수평적으로 직무를 확대시킨다. 직무의 단순성과 지루함을 감소시켜 직무 만족도가 상승할 수 있다.
㉢ 직무 충실화 : 직무내용과 환경을 재설계하여 개인의 동기를 유발하고 자아실현의 기회를 부여한다. 직무 수행자가 스스로 직무를 계획하고 통제하도록 위임하는 수평적·수직적 직무 확대이다.

| 48 | 과목 | 여성간호학 | 난이도 | ●●○ | 정답 | ④ |

응급 피임법은 계획되지 않은 성교, 피임 실패, 성폭력 등 계획되지 않은 성관계 후 임신을 방지하기 위해 사용하는 방법이다. 응급 복합 피임약은 단기간에 강력한 호르몬 노출에 의해 배란이 지연되는 것인데 가장 주된 작용은 자궁내막을 변형시켜 착상을 억제하는 것이다. 그래서 성교 후 72시간 내에 복용하여야 수정란 착상 이전에 임신을 예방할 수 있다. 응급 피임법 후 피임에 실패하여 임신이 되었더라도 태아 기형을 야기하지는 않는다. 부작용은 오심 및 구토, 두통, 유방통증, 어지러움 등이 있다.

| 49 | 과목 | 기본간호학 | 난이도 | ●●○ | 정답 | ③ |

① 간호 제공자 역할에 대한 설명이다.
② 관리자 역할에 대한 설명이다.
④ 돌봄 제공자 역할에 대한 설명이다.
⑤ 교육자 역할에 대한 설명이다.

| 50 | 과목 | 성인간호학 | 난이도 | ●●● | 정답 | ③ |

③ 급성 심근경색에는 방사통이 나타나며, 휴식이나 nitroglycerin으로는 완화되지 않는다.
① 심근경색 의심 환자가 오면 혈액 검사 상 CK – MB와 Troponin의 상승이 관찰된다.
② 심근경색이 나타나면 30분 이상 일정한 강도로 심한 분쇄성 통증이 나타난다.
④ 혈관 재협착, 부정맥, 심인성 쇼크, 심부전, 혈전색전증, 폐부종 등의 합병증이 발생할 수 있다.
⑤ ECG상 ST 분절의 상승이 나타나며 이는 심근 허혈에서 심근경색으로 진행되는 것을 뜻한다.

제 05회 정답 및 해설

1	2	3	4	5	6	7	8	9	10
⑤	②	④	⑤	⑤	①	④	①	①	④
11	12	13	14	15	16	17	18	19	20
③	②	④	①	②	④	⑤	④	④	⑤
21	22	23	24	25	26	27	28	29	30
③	⑤	②	③	⑤	③	⑤	④	④	⑤
31	32	33	34	35	36	37	38	39	40
③	③	②	①	④	③	④	⑤	③	①
41	42	43	44	45	46	47	48	49	50
⑤	①	②	③	③	③	②	③	③	④

1

| 과목 | 간호관리 | 난이도 | ●●○ | 정답 | ⑤ |

⑤ 「마약류 관리에 관한 법률 시행령」 제12조의2(마약류취급자의 준수사항)에 따라 의료용 마약류의 저장시설에는 마약류취급자 또는 마약류취급자가 지정한 종업원 외의 사람을 출입시켜서는 아니 되며, 저장시설을 주 1회 이상 점검하여 점검부를 작성·비치하고 이를 2년간 보존해야 한다.

①③④ 「마약류 관리에 관한 법률 시행규칙」 제26조(마약류의 저장)에 따라서 저장한다.

② 「마약류 관리에 관한 법률」 제12조(사고 마약류 등의 처리) 제1항에 따라서 재해로 인한 상실, 분실 또는 도난, 변질·부패 또는 파손이 된 경우에는 그 사유를 보고해야 한다.

2

| 과목 | 기본간호학 | 난이도 | ●●○ | 정답 | ② |

①② 냉요법은 모세혈관을 수축시켜 통증과 부종을 감소시키고 염증반응을 감소시킨다.

③④ 냉요법은 근육을 수축시키고 조직의 대사를 감소시킨다. 온요법은 근육을 이완시켜 근육통을 완화한다.

⑤ 온요법은 모세혈관을 확장시켜 혈액순환을 촉진시킨다.

| 3 | 과목 | 지역사회간호학 | 난이도 | ●○○ | 정답 | ④ |

포괄수가제는 환자 1인당 또는 질병별 또는 요양일수별로 사전에 진료비를 설정하여 일정액의 진료비를 지급하는 제도이다. 장점은 과잉진료나 의료남용을 예방하고 의료비를 절감하여 경제적이며, 행정관리가 간편하다. 단점은 의료의 질이 저하되며, 행정직의 지나친 간섭으로 의료인의 자율성이 침해된다. 우리나라에서는 편도아데노이드 절제술, 충수절제술, 수정체 수술, 자궁 및 자궁 부속기 수술, 제왕절개분만, 서혜 및 대퇴부 탈장수술, 항문수술 7개가 해당된다.

| 4 | 과목 | 병태생리학 | 난이도 | ●●● | 정답 | ⑤ |

⑤ cytokine은 단핵식세포인 대식세포, 호산구, 단핵구, 호중구에 의해 생산되는 monokine, T-림프구에 의해 생산되는 lymphokine과 같은 작은 단백질 활성물질로 면역계의 조절을 돕는다.
① 호중구는 염증부위에 가장 빠르게 나타나고, 림프구는 염증부위에 가장 나중에 나타난다.
② B-림프구는 항원에 노출되었을 때 혈장세포와 기억세포로 분화된다.
③ 보조 T림프구의 세포막은 CD4$^+$라는 단백질을 갖고 있어 CD4$^+$ T림프구라 한다. 비자기를 인식하여 비자기를 배제하도록 도우며 cytokine을 방출한다.
④ CD8$^+$ T림프구는 세포독성 T림프구라고하며 MHC항원을 포함한 세포를 파괴한다.

| 5 | 과목 | 병태생리학 | 난이도 | ●●● | 정답 | ⑤ |

PLUS TIP 당뇨병 병태생리

㉠ 간에서 글리코겐이 포도당으로 분해되고 아미노산이 포도당으로 전환된다.
㉡ 근육세포와 지방세포에서 포도당 흡수가 저하된다.
㉢ 근육세포에서 단백질이 이화되고 아미노산이 근육에서 간으로 이동한다.
㉣ 단백분해가 촉진되고 아미노산의 흡수와 단백합성이 억제된다.
㉤ 지방합성이 억제되고 지방세포의 분해가 촉진되어 유리지방산이 증가하고 고지혈증이 발생한다.
㉥ 지방산 분해로 케톤체가 형성되고 혈액 내에 수소이온 농도가 증가하여 대사성 산증이 발생한다.
㉦ 산증의 보상기전으로 호흡수와 깊이가 증가한 쿠스마울 호흡이 나타난다.
㉧ 대사성 산증에서 혈중에 수소이온이 증가하면서 수소이온을 세포외에서 세포내로 이동시키면서 세포내 포타슘이 세포외로 이동한다. 포타슘 외에도 마그네슘, 인, 칼슘도 이동한다.
㉨ 혈중포도당 농도가 높으면 다량의 포도당이 소변으로 배설되고 삼투성 이뇨가 나타난다.
㉩ 수분과 전해질이 함께 소실되어 전해질 불균형, 다갈, 탈수 등이 발생한다.

| 6 | 과목 | 아동간호학 | 난이도 | ●●○ | 정답 | ① |

① 경련과 함께 발열이 동반되었으므로 열성경련에 해당한다. 경련을 하고 있다면 기도 확보를 위해서 고개를 옆으로 돌려두고, 2차 외상이 발생하는 것을 예방하기 위해서 안전한 장소에 아동을 눕혀야 한다.
②④ 경련 도중에는 해열제를 투약하거나 자극을 주는 것은 경련을 악화시킬 수 있다. 의식을 회복하기 전까지는 조용한 환경을 제공한다.
③⑤ 신체보호대를 적용하거나 미온수로 마사지 하는 것, 몸에 붙는 옷은 자극을 유발하여 경련을 지속되게 할 수 있다. 경련 중에는 자극을 주는 것을 모두 피한다.

| 7 | 과목 | 병태생리학 | 난이도 | ●○○ | 정답 | ④ |

④ 항상성 : 세포가 외부의 환경자극으로부터 생명을 유지하기 위해 일정한 상태를 유지하는 것으로 체온, 삼투압, 혈당, 호르몬을 예로 들 수 있다.
① 균형 : 외부의 환경자극과 상호작용하여 외부의 에너지와 자원의 투입 없이 내부의 평형을 유지하는 체계의 특성을 의미한다. 외부와의 교류나 체계의 변화가 거의 없는 평형상태이다.
② 동화작용 : 물질대사 반응 중 에너지를 합성하는 과정을 의미한다.
③ 이화작용 : 물질대사 반응 중 에너지를 분해하는 과정을 의미한다.
⑤ 적응 : 주변 환경에 적절하게 기능이나 형태를 변화시키는 것을 의미한다.

| 8 | 과목 | 병태생리학 | 난이도 | ●●● | 정답 | ① |

류마티스 관절염은 자가면역 반응으로 관절활막에 염증세포가 모이면서 발생하는 것이다.

🖉 PLUS TIP 류마티스 관절염 병태생리
㉠ IgG항체와 류마티스 인자가 면역복합체를 형성하여 관절병변부에 호중구를 활성화 시키면서 활액낭과 결체조직에 염증을 유발한다.
㉡ 염증과정에서 나타나는 부종은 활막의 모세혈관을 손상시키고 활막을 더욱 두꺼워지게 만든다.
㉢ 치유되지 않는 염증은 판누스를 형성하여 석회화를 하게 하면서 관절을 유합시키고 뼈 파괴를 유발한다.

| 9 | 과목 | 병태생리학 | 난이도 | ●●● | 정답 | ① |

② 시상하부가 손상되면 갑상샘 자극호르몬 방출인자의 분비가 감소하고 갑상샘 자극호르몬 분비가 저하되어 갑상샘 호르몬의 분비가 감소한다.
③④ 갑상샘의 여포세포에서 삼요드티로닌(Triiodothyronine, T3), 티록신(Thyroxine, T4)을 생산하고 부여포세포에서 Calcitonin을 생산한다. Calcitonin은 갑상샘에서 방출되어 혈청칼슘 농도를 낮추고 파골작용을 억제한다.
⑤ 갑상샘 호르몬 수치가 감소하면 시상하부에서 갑상샘 자극호르몬 방출인자의 분비가 증가하고 이로 인해 뇌하수체에서 갑상샘 자극호르몬의 분비가 증가하여 갑상샘 호르몬을 분비한다.

| 10 | 과목 | 정신간호학 | 난이도 | ●●○ | 정답 | ④ |

공황장애 대상자와 의사소통할 때에는 조용하고 사무적이며 솔직한 태도로 대화한다. 대상자의 이야기를 경청하고 수용적인 태도를 보이며 대상자가 느끼는 불안을 스스로 표현하고 대처할 수 있도록 도와준다.

PLUS TIP 공황장애

갑자기 불안감과 두려움을 느끼는 불안장애 중 하나로 외부의 위협이 없는 상태에서 갑자기 죽을 것 같은 공포감, 호흡곤란, 가슴 두근거림, 어지러움, 손발 저림과 같은 공황발작을 경험한다. 공황장애 대상자가 불안을 표현할 수 있도록 지지하고 대상자 곁에서 대상자의 이야기를 경청하며 친숙하고 자극이 적은 환경을 제공한다. 또한 불안감이 극에 달하였을 때 인지과정이 방해받을 수 있으므로 대상자 시야 중심에 간호사 자신을 둔다.

| 11 | 과목 | 지역사회간호학 | 난이도 | ●○○ | 정답 | ③ |

자원공동체는 어떤 문제를 해결하기 위해 활용 가능한 자원 범위를 경계로 모인 집단으로 기능적 지역사회에 해당한다. 지정학적 공동체는 일정한 구조를 갖고 있으며 특정 목표와 활동을 추구하는 구조적 지역사회로 보건소 설립기준이 되며 특별시, 광역시, 시·군·구 등의 행정 구역이 해당된다.

| 12 | 과목 | 정신간호학 | 난이도 | ●○○ | 정답 | ② |

Clozapine(클로자핀) 투약 시 부작용으로 무과립구증이 나타날 수 있다. 무과립구증은 발열, 인후통, 감염증상이 나타나며, 정기적으로 CBC 혈액검사를 시행하여 확인할 수 있다. 무과립구증은 초기 발견 시 약물을 중단하면 거의 정상 수준으로 회복된다.

| 13 | 과목 | 정신간호학 | 난이도 | ●○○ | 정답 | ④ |

④ 전환 : 심리적 갈등이 수의근계 증상이나 감각기관 증상으로 표출되는 것이다.
① 취소 : 과거의 어떤 행동으로 되돌아가 고치는 것이다.
② 전치 : 감정이 왜곡되어 다른 대상에게 감정을 옮기는 것이다.
③ 합리화 : 논리적이고 그럴듯한 이유로 행동을 정당화시켜 자신을 보호하는 것이다.
⑤ 억압 : 불쾌한 경험을 무의식으로 밀어넣고 떠올리지 않는 것이다.

| 14 | 과목 | 정신간호 | 난이도 | ●○○ | 정답 | ① |

편집성 성격장애는 다른 사람에 대해 불신과 의심이 많고 다른 사람이 자신을 이용할 것이라 생각한다. 화를 잘 내고 경계적, 적대적이며 유머가 없고 고지식하다. 방어적 행동을 보이며 깊은 대인관계를 피한다. 편집성 성격장애 대상자에게 지나친 관심과 호의는 의심받을 소지가 있으므로 피하고 중립적이고 일관된 태도를 유지하여 신뢰감을 구축한다. 단순하고 분명한 언어를 사용하여 의사소통한다.

| 15 | 과목 | 아동간호학 | 난이도 | ●●○ | 정답 | ② |

② 병리적 황달은 황달이 출생 24시간 이내에 발생하거나 황달이 10 ~ 14일 이상 지속 되는 경우로, 혈청 빌리루빈 수치가 12mg/dL 이상이다. 생리적 황달은 생후 2 ~ 4일 내 나타나는 황달로 7일 내 자연 소실하며 혈청 빌리루빈 수치가 5mg/dL 이상이다.
① 대리석양 피부는 피부가 냉기에 노출되면 일시적으로 전신에 나타나는 얼룩덜룩한 반점이다.
③ 할리퀸 증상은 신생아를 옆으로 뉘일 때 몸의 중앙선을 경계로 바닥에 닿은 부분이 붉고 윗부분은 창백한 상태로 일시적인 증상이다.
④ 태지는 자궁 내에서 피부를 보호하기 위해 피부에 덮인 회백색의 치즈 같은 물질로 2 ~ 3일 후 건조되어 자연 소실된다.
⑤ 몽고인 반점은 둔부에 나타나는 불규칙한 푸른색의 반점으로 자연 소실된다.

| 16 | 과목 | 아동간호학 | 난이도 | ●●○ | 정답 | ④ |

④ Erikson의 심리사회적 이론에 대한 설명이다. 학령기 발달과업은 '근면성 대 열등감'으로 성취욕망이 강하며 과업에서 인정받기를 원한다.
① 영아기 발달과업은 '신뢰감 대 불신감'으로 어머니와의 애착관계를 통해 신뢰감을 형성한다.
② 청소년기 발달과업은 '정체성 대 역할혼돈'으로 부모로부터 독립과 정체성을 확립하고자 한다.

③ 유아기 발달과업은 '자율성 대 수치심'으로 자율성의 성취과정에서 거부증이 나타난다.
⑤ 학령전기 발달과업은 '솔선감 대 죄책감'으로 주도적으로 무엇인가 시도하고자 하며 옳고 그름을 학습하여 양심이 발달된다.

| 17 | 과목 | 정신간호학 | 난이도 | ●●○ | 정답 | ⑤ |

치료적 인간관계는 '상호작용 전 단계 - 오리엔테이션 단계 - 활동단계 - 종결단계'로 이뤄진다.
⑤ 상호작용 전 단계에 대한 설명이다. 이 단계에서 간호사는 대상자에 대한 유용한 자료를 수집하고 자기 자신에 대해 탐색하는 시간을 갖는다.
①②④ 오리엔테이션 단계에 대한 설명이다.
③ 활동단계에 대한 설명이다.

| 18 | 과목 | 아동간호학 | 난이도 | ●●○ | 정답 | ④ |

IgM는 면역글로불린 중 크기가 가장 크며 면역반응에서 최초로 생성된다. IgD는 혈중 미량 존재하며 임상적 역할은 불분명하다.

면역 글로불린

림프구에서 분화된 단백질로 외부에서 침입한 세균이나 바이러스로부터 신체를 보호하기 위한 면역반응을 수행한다. 면역글로불린은 IgG, IgA, IgM, IgD, IgE가 존재한다.

| 19 | 과목 | 여성간호학 | 난이도 | ●○○ | 정답 | ④ |

①④ 소변을 본 후, 앞에서 뒤로 닦도록 교육하고 산모패드는 앞에서 뒤로 착용하며 뒤로 뺀다. 회음 간호 전·후에는 손을 씻도록 교육한다.
②③ 회음부 감염예방을 위해 감염징후를 정기적으로 사정하고 산모패드를 자주 교환하며 둔부를 건조하게 유지한다.
⑤ 회음 봉합 후 38~41℃의 따뜻한 물로 좌욕을 하고 건열요법을 적용하는 것은 치유를 증진하고 통증을 감소시키며 감염을 예방하는데 도움이 된다.

| 20 | 과목 | 여성간호학 | 난이도 | ●○○ | 정답 | ⑤ |

임신성 고혈압 임부에게 황산마그네슘을 투약하는 이유는 중추신경계를 억제하여 경련을 예방하고 혈압을 낮추기 위함이다. 황산마그네슘 투약 후 갑작스런 저혈압이나 슬개건반사 소실, 맥박 저하, 핍뇨, 호흡수 감소, 태아심음 감소와 같이 독성 증상 발생 시 투약을 중지하고 calcium gluconate를 투약한다.

| 21 | 과목 | 여성간호학 | 난이도 | ●●○ | 정답 | ③ |

③ 완경기 교원질 감소로 피부 탄력성이 저하되고 피부가 건조하며 주름진다.
① 안면홍조는 에스트로겐 감소로 자율신경계가 불안정하여 나타나며 완경기 여성의 대부분이 경험하는 가장 특징적인 증상이다.
② 완경기에 에스트로겐 감소로 질 내 산도가 증가하고 질 상피 두께가 얇아져 위축성 질염이나 요도염의 발생위험이 증가한다.
④ 완경기 여성은 체온조절이 불안정하여 발한이 나타나며 특히 야간발한을 경험한다.
⑤ 에스트로겐 감소로 골 형성이 억제되며 골 흡수가 증가하여 골다공증이 발생한다.

| 22 | 과목 | 여성간호학 | 난이도 | ●○○ | 정답 | ⑤ |

4자리 숫자체계에 따른 산과력은 '만삭 분만 수 - 만기 전 분만 수 - 유산 수 - 현재 생존아 수'로 나타낸다. 이 임산부는 만삭 분만한 경험은 없고(만삭 분만 수 : 0), 미숙아를 분만한 경험이 있으며(만기 전 분만 수 : 1, 현재 생존아 수 : 1), 유산경험이 1회 있으므로(유산 수 : 1) 산과력은 '0 - 1 - 1 - 1'이다.

| 23 | 과목 | 기본간호학 | 난이도 | ●●○ | 정답 | ② |

$1 : 80\text{unit} = x : 20\text{unit}$ 이므로, $x = 0.25\text{mL}$이다.

| 24 | 과목 | 기본간호학 | 난이도 | ●●○ | 정답 | ③ |

검사 종료 후에는 6 ~ 12시간 동안 베개를 베지 않고 앙와위로 누워 있는 이유는 뇌척수액 유출을 방지하여 두통의 발생을 예방하기 위함이다.
검사 후에는 수분을 섭취하게 하여 뇌척수액의 재생을 촉진한다.

📝PLUS TIP 요추 천자

요추 3, 4번과 요추 4, 5번 사이 척수의 지주막하강에 바늘을 삽입하여 뇌척수액을 채취하는 검사이다. 검사 시에는 옆으로 누워 무릎을 굽히고 턱이 가슴에 닿도록 고개를 앞으로 숙여 바늘이 쉽게 들어가도록 한다.

| 25 | 과목 | 기본간호학 | 난이도 | ●●● | 정답 | ⑤ |

⑤ 〈보기〉에서 나타난 호흡양상은 Cheyne - Stokes 호흡이다. Cheyne - Stokes 호흡은 무호흡주기에 이어 과다호흡주기가 교대로 나타나며 뇌압 상승, 심부전, 요독증에서 나타난다.

② Biot's 호흡은 뇌막염이나 심한 뇌손상 시 얕은 호흡 후 무호흡이 나타난다.
③④ Kussmaul 호흡의 특징이다.

26 | 과목 | 여성간호학 | 난이도 | ●●○ | 정답 | ③ |

① 조직생검 : 자궁경부암의 확진을 위해 시행하는 최종 검사로 자궁경부 조직의 일부를 떼어내어 검사한다.
② 경관점액검사 : 배란기에 시행하며 정자의 이동과 저장에 적합한 경관점액 여부를 파악하기 위해 시행한다. 정상점액은 투명하고 묽으며 견사성이 8 ~ 10cm이고 현미경에서 양치엽상이 나타난다.
④ 쉴러검사 : 조직생검을 시행 전에 암이 의심되는 병소부위를 정확히 확인하기 위해 시행하는 검사로 요오드 용액을 도포하였을 때 정상세포는 적갈색을 띠고 암세포는 노란색을 띤다.
⑤ 원추절제술 : 진단과 치료를 위한 목적으로 시행하며 이산화탄소 레이저와 냉 나이프를 이용하여 생검을 실시한다.

27 | 과목 | 기본간호학 | 난이도 | ●○○ | 정답 | ⑤ |

⑤ 체액, 혈액, 분비물, 배설물에 접촉하기 전 일회용 청결 장갑을 착용하고 장갑을 벗은 후 손 위생을 시행한다.
① 장갑을 착용한 경우에도 체액, 혈액, 분비물에 접촉한 후 장갑을 벗고 손 위생을 시행한다.
② 사용한 주사침은 손상예방을 위해 뚜껑을 씌우지 않고 내구성이 강한 용기에 폐기한다.
③ 체액, 혈액, 분비물, 배설물이 손에 묻은 경우 물로 손 위생을 시행한다. 눈에 보이는 오염이 없는 경우에는 손 소독제로 손 위생을 시행할 수 있다.
④ 분비물이 튈 위험이 있는 경우 감염유무에 상관없이 마스크, 보안경, 가운을 착용한다.

28 | 과목 | 기본간호학 | 난이도 | ●●○ | 정답 | ④ |

사체 확인을 위해 사체에 두 개의 이름표를 부착한다. 하나는 사체의 손목이나 발목에, 하나는 수의 표면에 붙인다.

✏️ PLUS TIP 사후 간호

㉠ 더러워진 신체부위는 닦아주고 깨끗한 환의로 갈아입힌 후 체액이 흘러나올 수 있으므로 둔부 아래에 흡수용 패드를 적용한다.
㉡ 입이 다물어지도록 둥글게 만 수건을 턱 아래에 적용하고 눈을 곱게 감도록 쓸어내린다. 눈이 감기지 않을 경우 거즈로 덮는다.
㉢ 사체를 앙와위로 하고 손바닥이 아래로 향하도록 팔을 양옆에 붙이거나 배위에 가로질러 놓고 얼굴 변색을 예방하기 위해 머리 아래에 베개를 대주거나 머리를 약간 높게 올려준다.

ⓔ 자연스런 안면 윤곽 유지를 위해 제거했던 의치를 다시 끼워넣는다.
ⓜ 삽입된 관을 제거하거나 피부에서 2.5cm 이내로 자른 후 테이프를 붙여 놓고 홑이불은 어깨선까지 덮어준다.
ⓑ 이름표를 손목 또는 발목에 하나, 수의 표면에 하나를 붙인다.

29

| 과목 | 성인간호학 | 난이도 | ●●● | 정답 | ④ |

④ 프로페파논은 Class I 약물이다.
① Class II는 베타차단약물로 심박수, 혈압, 수축력을 감소시킨다.
② 베타차단약물로 심근경색, 협심증, 부정맥, 고혈압 등에 효과적이다.
③ 결정체가 생기는 것을 예방하기 위해 실온 보관한다.
⑤ 바소프레신, 탄산수소나트륨, 칼슘, 이소프로테레놀 등의 응급 약물도 사용한다.

30

| 과목 | 기본간호학 | 난이도 | ●●○ | 정답 | ⑤ |

수혈 부작용이 발생한 경우 즉시 수혈을 중단하고 생리식염수로 정맥 주입을 유지한다. 활력징후를 측정하고 의사와 혈액은행에 보고 후 필요한 검사를 시행하며 처방된 해열진통제를 투약한다.

31

| 과목 | 기본간호학 | 난이도 | ●○○ | 정답 | ③ |

저산소증의 일반적 증상은 빠르고 얕은 호흡, 빠른 맥박, 초조, 현기증, 안절부절못함, 어지러움, 과도한 긴장, 졸음, 호흡곤란, 청색증, 산소포화도 저하, 동맥혈 내 산소분압 저하, 늑간 부위 퇴축, 코 벌름거림 등이다.

32

| 과목 | 기본간호학 | 난이도 | ●○○ | 정답 | ③ |

등척성 운동은 저항하는 힘에 대항하여 수행하는 정적인 운동으로 근육의 이완과 수축이 일어나지만 근육의 길이 변화나 부하는 없다. 등척성 운동은 근력과 근긴장도를 증가시키고 근육의 양을 증가시켜 근 위축을 예방한다. 석고붕대를 한 부동 대상자에게 적절하다.

| 33 | 과목 | 기본간호학 | 난이도 | ●●○ | 정답 | ② |

② 유치도뇨관 삽입 중인 환자에게 요로감염을 예방하고 소변이 잘 배출되도록 돕기 위해 중력 배액체계와 폐쇄적 배액체계가 필수적이다. 따라서 배뇨관이 중력 배액체계를 유지할 수 있도록 관이 꼬이거나 대상자가 배액관 위에 눕지 않았는지 관찰한다.
① 감염위험을 최소화하기 위해 배변 후, 적어도 하루 2회 이상 멸균 생리식염수나 베타딘으로 도뇨관과 요도구 주위 회음부 간호를 제공한다.
③ 금기가 아니라면 하루 3L 이상의 수분섭취를 격려하여 요정체로 인한 요로감염이나 침전물에 의한 요로폐쇄를 예방한다. 또한, 소변을 산성화시키는 식이를 제공한다.
④ 소변 배액주머니는 항상 방광보다 낮게 위치하도록 하여 역류되지 않도록 한다.
⑤ 유치도뇨관을 삽입 중인 환자에게 소변검사 검체 수집을 위해 배액관을 10분간 잠근 후, 별도의 port에 21~25G 멸균주사기 바늘을 찔러 수집한다. 검사물 채취 후에는 잠금장치를 바로 해제한다. 폐쇄적 배액체계 유지를 위해 배액관은 분리하지 않는다.

| 34 | 과목 | 기본간호학 | 난이도 | ●○○ | 정답 | ① |

외과적 무균술은 아포를 포함한 미생물이 전혀 없도록 하는 방법이고 내과적 무균술은 미생물의 수를 줄여 병원체의 전파를 줄이는 방법이다. 상처 드레싱 교환, 정맥주사, 도뇨관 삽입 등 침습적 행위 시 외과적 무균술이 필요하다.

| 35 | 과목 | 기본간호학 | 난이도 | ●●○ | 정답 | ④ |

④ 고섬유질 식이 : 섬유질이 많아 대변의 부피를 증가시키기 때문에 변비가 심한 대상자에게 제공한다. 신선한 야채, 과일, 오트밀, 씨, 전곡이 해당된다.
① 저칼륨 식이 : 신장질환으로 인해 소변에서 칼륨배설이 저하되어 혈중 칼륨농도가 증가된 대상자나 고혈압, 부종 등이 있는 대상자에게 제공하는 식이로 도정된 곡류(흰쌀), 숙주, 고사리 등의 음식을 섭취하고 감자, 미나리, 단호박, 시금치, 바나나, 토마토, 키위는 제한한다.
② 연식 : 소화가 잘되어 수술 후 회복기 환자나 위장관 질환이 있는 대상자에게 익힌 음식을 으깨거나 채에 걸러 부드럽게 하여 제공한다.
③ 저잔사 식이 : 대장에 오랜 시간 남아있지 않는 치료식으로 소화 흡수가 잘 되며 위장관에 자극이 적은 부드러운 음식이다. 찹쌀밥, 계란, 두부, 게살, 애호박, 저잔사 영양보충음료 등이 있다.
⑤ 유동식 : 씹지 않고 삼킬 수 있는 액체 형식의 식사로 잔사가 적은 식사 중에 하나이다.

| 36 | 과목 | 성인간호학 | 난이도 | ●○○ | 정답 | ③ |

염증 시 전신 반응으로는 발열, 발한, 오한, 맥박과 호흡 상승, 오심, 식욕부진, 전신허약, 피로감, 체중감소, 백혈구 증가가 있고 국소 반응으로는 기능 상실, 종창, 통증, 열감, 발적이 있다.

✎ PLUS TIP 염증의 국소 반응
㉠ 기능상실 : 종창과 통증으로 인해 발생하고 종창은 간질강으로 축적된 삼출액이 이동하여 발생한다.
㉡ 통증 : 삼출액에서 나온 화학물질로 신경이 자극되거나 국소부위 혈액 이온농도가 변하여 발생한다.
㉢ 열감 : 신진대사가 증가하여 발생하고 발적은 염증으로 혈관이 확장되어 충혈되기 때문에 발생한다.

| 37 | 과목 | 성인간호학 | 난이도 | ●●● | 정답 | ④ |

연수 근처에 있는 중추성 화학수용체는 뇌척수액 내 pH와 이산화탄소 농도에 따라 호흡중추를 조절한다. 혈중 이산화탄소 농도가 증가하면 pH가 감소하고 호흡이 증가한다. 말초성 화학수용체는 대동맥궁의 대동맥소체와 경동맥 근처 경동맥소체에 있다. COPD환자의 경우 만성적으로 이산화탄소 농도가 높기 때문에 말초성 화학수용체에 의해 호흡수를 증가시킨다. 말초성 화학수용체는 혈중 산소농도가 저하되면 호흡흥분을 호흡중추로 보내 호흡수를 증가시킨다. 만일 COPD환자에게 고농도의 산소 공급 시 호흡 자극원이 제거되어 무호흡을 초래할 수 있다.

| 38 | 과목 | 성인간호학 | 난이도 | ●●● | 정답 | ⑤ |

⑤ 헤파린, 와파린 모두 항응고제로 혈전 형성을 예방하기 위해 투약하며 와파린을 과량으로 투여하였을 경우 비타민 K를, 헤파린을 과량으로 투여하였을 경우 프로타민을 투여한다.
① 비타민 K는 응고인자의 합성과정에 필요하며 간 내 효소에 의해 활성화된다. 와파린은 간 내 효소를 억제함으로써 비타민 K의 활성화를 막는다.
② 헤파린은 항트롬빈을 활성화시켜 트롬빈과 응고인자들을 억제하고 혈액응고를 막는다.
③ 와파린은 경구로 복용하고 헤파린은 정맥이나 피하로 투여한다.
④ aPTT는 내인성 응고기전의 결핍을 검사하는 것으로 헤파린은 aPTT에 의해 약물농도를 확인한다. INR은 외인성 응고기전의 결핍을 검사하는 것으로 와파린은 INR을 통해 약물농도를 확인한다.

| 39 | 과목 | 성인간호학 | 난이도 | ●●○ | 정답 | ③ |

소모기(somogyi)현상은 과다한 인슐린 투약 후 저혈당이 발생하고 이에 대한 반응으로 카테콜라민, 코르티솔, 성장호르몬이 분비되어 반동성 고혈당이 나타난다. 야간, 새벽에는 혈당이 감소하여 흔히 밤에 식은땀이 나고 악몽을 꾸며 아침에 두통을 호소한다. 치료방법은 야간에 탄수화물을 섭취하거나 인슐린 용량을 줄여서 투여한다.

| 40 | 과목 | 성인간호학 | 난이도 | ●○○ | 정답 | ① |

메니에르병은 막미로의 확장, 내림프액의 생산 증가 및 흡수 저하로 발생하는 내이장애다. 보통 편측에서 시작하여 양측으로 진행하기도 한다. 대표적인 3대증상은 '현훈, 이명, 감각신경성 난청'이며 오심, 구토, 귀의 충만감, 균형 장애를 동반하기도 한다. 치료방법으로는 Nicotinic과 항히스타민제, 항현훈제, 항콜린제, 진정제, 이뇨제를 투약한다. 내과적 치료에도 증상이 지속될 경우 미로절제술이나 신경절제술을 고려한다.

✏️ PLUS TIP 메니에르병 간호중재
㉠ 내림프액의 감소를 위해 염분, 카페인, 설탕, 알코올 섭취를 제한한다.
㉡ 낙상 예방 및 안전한 환경을 위해 침상높이를 낮추고 침상난간을 올린다.
㉢ 높은 곳에 오르는 것을 금한다.
㉣ 현훈을 호소할 경우 눈을 감고 침상안정을 취하도록 하고 베개로 머리 양쪽을 지지한다.
㉤ 증상 발생을 막기 위해 병실의 조명을 어둡게 하고 소음 발생은 피한다.

| 41 | 과목 | 성인간호학 | 난이도 | ●○○ | 정답 | ⑤ |

화상 환자의 간호중재에 있어서 가장 우선시 되는 것은 기도유지이다. 특히 얼굴과 목의 화상을 입은 환자는 기도부종과 기도폐색의 위험이 크므로 기도확보가 가장 우선시되어야 한다. 기도유지 후 수분과 전해질을 공급하여 조직관류를 유지한다.

| 42 | 과목 | 성인간호학 | 난이도 | ●●○ | 정답 | ① |

수술 후 첫 24시간 동안은 침상안정을 하나 그 이후에는 합병증 예방을 위해 조기이상을 격려한다. 침상안정하는 동안에도 무기폐와 폐렴 발생 위험을 감소시키기 위해 기침과 심호흡을 유도한다. 체위를 자주 변경하고 하지 혈전 형성 예방을 위해 다리운동을 격려한다.

| 43 | 과목 | 성인간호학 | 난이도 | ●●○ | 정답 | ② |

② Aspirin은 요산배설 촉진을 불활성화시키며 다른 약의 효과를 방해하기 때문에 피한다.
①③ 급성 통풍 발작에서 염증과 통증을 완화시키기 위해 NASIDs와 Colchicine을 투약한다.
④ Allopurinol은 요산 생성을 억제하는 약물로 xanthine이 요산으로 전환되는 것을 예방한다.
⑤ Probenecid는 요산 배출을 촉진시키는 약물로 보통 Colchicine과 함께 복용한다.

| 44 | 과목 | 성인간호학 | 난이도 | ●○○ | 정답 | ③ |

림프부종은 림프계의 순환에 문제로 몸이 붓는 것이다. 림프부종이 발생하면 팔과 다리에 혈액 순환이 갑자기 증가하는 것을 피해야 한다. 너무 뜨거운 물에 몸을 담그거나, 고온의 사우나에 노출되거나, 온열팩을 직접 적용하는 것은 피해야 한다.

| 45 | 과목 | 성인간호학 | 난이도 | ●●○ | 정답 | ③ |

③ 황달, 피로감, 오심을 호소하며 HBs Ag(+), HBe Ag(+), Anti-HBc IgM(+)이고 간효소인 AST, ALT가 상승한 것으로 보아 현재 활동성 B형 간염 상태를 의미한다. 출혈위험성이 증가하므로 소변, 대변, 점막, 피부의 출혈 증상을 관찰한다.
① 저지방, 적절한 양의 단백질, 고칼로리, 고탄수화물 식이를 제공한다.
② 피로감을 호소하는 급성기에는 침상안정과 휴식을 격려한다.
④ B형 간염은 혈액·체액·성적 접촉이나 손상된 피부와 점막을 통해 전파되기 때문에 사용한 주사침은 뚜껑을 닫지 않고 폐기한다. 또한 혈액이나 체액에 접촉 시 장갑을 착용하고 공동으로 면도기와 칫솔을 사용하지 않는다.
⑤ 담즙산염이 피부에 축적되어 소양증이 나타난다. 소양증 완화를 위해 미지근한 물이나 전분으로 목욕하고 크림과 로션을 사용하여 피부가 건조해지는 것을 막는다.

| 46 | 과목 | 성인간호학 | 난이도 | ●●○ | 정답 | ③ |

급성 호흡곤란 증후군(ARDS)은 폐포 모세혈관의 손상으로 폐 모세혈관의 투과성이 증가하여 수분과 단백질 등을 포함한 삼투액이 폐포와 간질강으로 들어가고 폐부종 및 출혈을 일으킨다. 폐부종은 폐포 조직(TypeⅡ)을 파괴시켜 표면활성제의 합성이 감소하고 이로 인해 폐포가 허탈되어 저산소혈증, 폐신장성 저하가 나타난다. 저산소혈증이 발생하면서 호흡곤란, 빈호흡, 호흡보조근육 사용이 증가하고 초기에는 호흡성 알칼리증이 발생하나 진행되면 호흡성 산증이 나타난다. 폐부종으로 인해 청진 시 수포음이 들리고 분홍빛의 거품 섞인 객담을 볼 수 있다.

| 47 | 과목 | 성인간호학 | 난이도 | ●●○ | 정답 | ② |

② 양성자펌프 억제제는 위산 생성에 필요한 포타슘, 수소이온, ATPase 효소작용을 감소시켜 위산 분비를 억제한다. 대표적인 약물로는 Omeprazole(Losec, Prilosec)이 있다.
① Sucralfate(Carafate)는 점막보호제로 궤양부위 보호막을 만들어 산이 침투하는 것을 예방한다.
③④ H2 수용체 길항제는 위벽세포에서의 위산 분비를 억제한다. 대표적인 약물로는 Nizatidine(Azid), Cimetidine(Tagamet), Ranitidine(Zantac, Curan), Famotidine(Pepcid, Gaster)가 있다.
⑤ Aluminum hydroxide(Amphojel)은 제산제로 위산을 중화시키고 prostaglandin의 합성을 촉진, pepsin의 활동을 감소시키나 장기복용 시 골다공증, 변비를 유발한다.

| 48 | 과목 | 성인간호학 | 난이도 | ●●○ | 정답 | ③ |

③ 급성 천식 발작 환자에게 속효성 β_2-agonist 흡입제를 우선적으로 투약한다. 속효성 β_2-agonist은 기관지 평활근을 이완시켜 호흡곤란을 완화시킨다. 속효성 β_2-agonist에는 albuterol, terbutaline이 있다.
①④⑤ 속효성 β_2-agonist 투약 후 기도 내 염증 감소를 위해 스테로이드, 비만세포 안정제, 류코트리엔 완화제를 투여한다.
② 항히스타민제는 알레르기성 반응에 관여하는 약물로 콧물, 재채기, 불면 등을 완화하는 데도 사용된다.

| 49 | 과목 | 성인간호학 | 난이도 | ●●● | 정답 | ③ |

시술 후 혈전 형성을 예방하기 위해 정맥으로 heparin을 투여한다. 또한 스텐트를 삽입한 경우 스텐트에 혈소판 응집을 예방하기 위해 Clopidogrel(Plavix)을 예방적으로 투여한다. 항응고제나 항혈소판제는 출혈 경향을 증가시키기 때문에 출혈 증상을 사정하고 손상예방 간호를 제공한다.

| 50 | 과목 | 성인간호학 | 난이도 | ●●● | 정답 | ④ |

3도 방실블록의 특징 및 심전도 결과에 해당한다. 3도 방실블록은 동방결절에서 오는 자극을 방실결절이 완전히 차단하기 때문에 심방과 심실이 각기 독립적으로 수축한다. 심실 수축수는 분당 20 ~ 40회로 저하되어 있기 때문에 Adams - stokes이 나타나 실신하기도 하기 때문에 즉시 의사에게 알리고 인공심박동기를 삽입한다. 인공심박동기 삽입 전까지 isoproterenol, epinephrine을 투여한다.

고생한 나에게 주는 선물! 머리가 어지러울 때
시험이 끝나고 하고 싶은 일들을 하나씩 적어보세요.

01

02

03

04

05

06

07

08

09

10

성공하기 전에는 항상 그것이 불가능한 것처럼 보이기 마련이다. - 넬슨 만델라

서울특별시 보라매병원
실력평가 모의고사

서울특별시 보라매병원
실력평가 모의고사

서울특별시 보라매병원
실력평가 모의고사

서울특별시 보라매병원
실력평가 모의고사

서울특별시 보라매병원
실력평가 모의고사

성명:

생년월일

자격증

한번에 따기 위한 서원각 교재

한 권에 준비하기 시리즈 / 기출문제 정복하기 시리즈를 통해 자격증 준비하자!